Ein Schloss ist das,
was die Leute in der Umgebung
Schloss nennen.

Eduard von Habsburg-Lothringen
Wo Grafen schlafen

Doch nun öffnen sich die Bäume
Halbkreisartig rings im Bogen;
Und mit Mondlicht überzogen
Strahlt Titanias Schloss der Träume.

Kaiserin Elisabeth
über ihre Ankunft in der Hermesvilla im Mai 1887

Christina Rademacher

Auf den Spuren von Prunk & Pomp

Unterwegs
zu den schönsten Schlössern
in und um Wien

pichler verlag

Inhalt

Bild: Oberes Belvedere mit Brunnenanlage

Wo Maria Theresia Hof hielt und Prinz Eugen jagte

Vor dem goldumrahmten Spiegel in der Galerie stecken zwei junge Mädchen in Ballroben flüsternd die Köpfe zusammen. Unter den Kronleuchtern im Festsaal finden und verlieren sich Paare beim Menuett. Und unten im Garten entschwindet eine Dame am Arm ihres Verehrers auf der Suche nach einem Separee im Dunkel hinter den Hecken: Kaum ein anderer von Menschen erschaffener Ort beflügelt die Fantasie so wie ein Schloss. Märchenhaft schön muss es sein, dort zu leben – vorausgesetzt, es kommt ein Prinz vorbei, der die verzauberte Königstochter erlöst.

Im Leben repräsentieren prunkvolle Adelssitze weniger Geheimnis und Glück als vielmehr Geld und Geltung: Maria Theresia etwa besaß neben Schönbrunn nicht nur fast jedes Schloss in und um Wien, sie ließ mit Blick auf ihre große Familie und ihren noch größeren Hofstaat auch fast jedes ausbauen. Wobei die Regentin nicht jedes nach ihr benannte Schlössl selbst bewohnte: Selbst für diese Powerfrau des Barock war die Zeit endlich.

Mehrfach-Schlossherr war auch Prinz Eugen. Als Feldherr hatte er maßgeblichen Anteil am Sieg über die Türken, wodurch Wien überhaupt erst zur blühenden Hauptstadt einer europäischen Großmacht aufsteigen konnte. Als Bauherr gestaltete er selbst Paläste und Gärten, die wie das Belvedere und Schloss Hof zu den eindrucksvollsten Schlossanlagen des Barock gehören. Weniger bekannt ist der 46 Hektar große Jagdgarten hinter seinem Schloss Obersiebenbrunn, das Prinz Eugen als Dank für seine Erfolge als Feldherr von Karl VI. geschenkt bekam. Und Schloss Niederweiden prunkte mit einer damals höchst modernen Jagdküche, die selbst die anspruchsvollsten Gäste des Prinzen zufriedengestellt haben dürfte.

Voraussetzung für diese barocke Prachtentfaltung war, dass die Wohnbauten des Adels nicht länger wehrhaft zu sein brauchten. Waren die mittelalterlichen Burgen durch Turm, Palas und Kapelle gekennzeichnet, bestimmten den Charakter eines Schlosses nun Prunkfassade, Treppenhaus und Festsaal. Während aus kleinen Burggärten riesige Parks wurden, konnten ihre Schöpfer nicht ahnen, dass der Sieg über die Türken für die Schlösser in und um Wien nicht das Ende der Gefahr bedeutete: Schloss Hirschstetten z. B. wurde bei einem Bombenangriff im Zweiten Weltkrieg dem Erdboden gleichgemacht und durch eine Kirche ersetzt.

Einige Lustschlösser von einst sind heute also nur noch Luftschlösser. Andere, früher exklusiv adeligen Jagdgesellschaften vorbehalten, versuchen als Museen, Galerien, „Eventlocations" oder Hotels die Bedürfnisse der zeitgenössischen Freizeitgesellschaft zu befriedigen. Wieder andere wurden soziale Einrichtungen wie Schulen, Akademien, Altersheime oder Gefängnisse. Daneben gibt es aber natürlich auch Schlösser, die noch immer oder wieder als Wohnhaus dienen und deren Besitz nicht nur stolz macht. Oder möchten Sie auf eine Urlaubsreise verzichten und im Winter mit einer Wollhaube zu Bett gehen, weil im Schlafzimmer trotz immenser Heizkosten sibirische Temperaturen herrschen?

So unterschiedlich sie auch sind, ob öffentlich zugänglich oder privat, Lust- oder Frustschloss, restauriert oder renovierungsbedürftig: Wer die Schlösser und Schlössl in und um Wien zu Fuß oder mit dem Fahrrad entdeckt, stellt Verbindungen her. Schon für Kaiser Maximilian II. bildeten im 16. Jahrhundert zwei Schlösser im heutigen 11. Wiener Gemeindebezirk ein ideales Duo: In Schloss Kaiserebersdorf, heute ein Gefängnis, wohnte er; in Schloss Neugebäude, diesem riesigen Renaissancebau in Simmering, feierte er. Auch Pötzleinsdorf sähe heute anders aus, hätte nicht eine Bankiersfamilie dort viel Geld für das Schloss, den Park und das Geymüllerschlössel ausgegeben.

Verbindungen ergeben sich auch zwischen den Touren, die in diesem Buch vorgestellt werden. So kaufte das Kaiserhaus nach dem Tod von Prinz Eugen das Belvedere samt der Menagerie und beherbergte im Tiergarten Schönbrunn ab 1781 auch Wölfe und Bären aus der geschlossenen Menagerie von Schloss Neugebäude. Zu den Menschen, die sich von Schloss zu Schloss bewegten, gehörte Ottokar II. Přemysl: Während der Böhmenkönig davon träumte, den heutigen Grenzort Marchegg mit seinem Schloss zum Zentrum seines großen Reichs zu machen, keimte in Wien mit der von ihm mitbegründeten Hofburg schon die Machtzentrale der Habsburger.

Ein anderer, nicht gern gesehener Wanderer zwischen den Wiener Schlössern war der französische Kaiser Napoleon: Er schrieb nicht nur an der Geschichte von Schloss Obersiebenbrunn mit, das seinen Truppen während der Schlacht von Aspern 1809 als Lazarett diente, sondern auch an der von Schloss Thürnlhof, wo er ebenso Quartier bezog wie im Schüttkasten von Schloss Essling. Und während Hofburg, Schönbrunn und Hermesvilla als ehemalige Wohnsitze Kaiserin Elisabeths Besuchermagneten sind, obwohl sich Sisi viel lieber weit weg von Wien aufhielt, fand ihre gleichnamige Enkelin in der kaum beachteten Villa Windisch-Graetz eine echte Heimat.

Mit Blick auf die Menschen, die sie erträumten, planten, bewohnten und verließen, und auf die Menschen, die heute in ihnen wohnen, arbeiten, lernen oder gefangen sind, ergibt sich ein immer wieder neues Bild der Schlösser und Schlössl in und um Wien. Wo Vergangenheit nicht zur Kulisse erstarrt, sondern lebendig geblieben ist, da finden sich Schlösser, die tatsächlich so schön sind wie im Märchen.

1 Im Herzen der Habsburgermonarchie

Hofburg mit Kaiserappartements | Sisi-Museum und Silberkammer | Spanische Hofreitschule | Prunksaal der Österreichischen Nationalbibliothek | Augustinerkirche | Burggarten | Kapuzinergruft

Tour 1: Hofburg

Der erste Spaziergang führt durch ein Schloss, das nicht so heißt, nicht so aussieht und trotzdem das wichtigste Schloss Wiens ist: In der Hofburg schlug sechseinhalb Jahrhunderte lang das Herz der Habsburgermonarchie. Wo eine Weltmacht verwaltet, wo Kunstwerke, Bücher und andere Schätze gehortet und große Feste gefeiert wurden, bilden all die nach und nach entstandenen Trakte, Höfe, Plätze und Gärten eine Stadt in der Stadt. Von der Minoritenkirche, deren Grundstein der ärgste Konkurrent der Habsburger im 13. Jahrhundert gelegt hatte, führt der Weg über die Augustinerkirche, in deren Loretokapelle die Herzen vieler Habsburger aufbewahrt werden, und die Kaisergruft, die letzte Ruhestätte der einbalsamierten Körper, bis zum Stephansdom, wo in der Herzogsgruft Endstation für die Eingeweide war.

Um von den Tunnelröhren der U3 hinauf zum Minoritenplatz zu gelangen, sind viele Stufen zu überwinden. Die Vergangenheit reicht tief an dieser Stelle: Beim Bau der U-Bahn in den 1980er-Jahren wurden Grundmauern freigelegt, die zum ehemaligen Langchor der **Minoritenkirche** gehören. Hier drohte im 13. Jahrhundert mit dem Tod eines Königs das schnelle Ende eines großen Projekts. Erst zwei Jahre zuvor hatten die Minoriten, ein damals stark wachsender franziskanischer Orden, mit dem Bau der Kirche begonnen, nachdem ihnen Ottokar II. Přemysl (ca. 1232–1278) Steuerfreiheit versprochen hatte. Doch als der Böhmenkönig 1278 auf dem Marchfeld von den Truppen Rudolf von Habsburgs getötet wurde, wusste niemand so recht, wie es weitergehen sollte. 30 Wochen lang wurde sein einbalsamierter Leichnam im Kapitelsaal des Klosters aufgebahrt. Und noch etwa 120 Jahre dauerte es, bis die Minoriten die dreischiffige Hallenkirche fertiggestellt hatten.

Politisch war der Weg mit dem Tod des Böhmenkönigs frei geworden für Rudolf von Habsburg (1218–1291). 1279 bezog er Ottokars Burg in Wien, die heute fast bis an die Minoritenkirche heranreicht. Damals allerdings war die **Hofburg** eine noch junge, etwa 55 mal 55 Meter große und mit vier Ecktürmen versehene Wehranlage in der Nähe der Stadtmauer. Mit ihrem Hof, der nach der von Maria Theresia gegründeten Schweizergarde benannt wurde, ist die ehemals allein stehende Burg heute Teil einer weitläufigen Anlage, die in vielen Jahrhunderten Stück um Stück aus unzähligen Zu- und Umbauten heranwuchs.

Betrachtet man es politisch, dann liegt ihr

Minoritenkirche

Schlafzimmer von Kaiser Franz Joseph

Zentrum vielleicht im **Leopoldinischen Trakt,** der Verbindung des Schweizertrakts mit dem Amalientrakt. Früher war der Leopoldinische Trakt Appartement Maria Theresias (1717–1780), seit 1946 ist er Amtssitz des Bundespräsidenten. Wer vom Minoritenplatz kommt, streift jedoch zunächst das **Bundeskanzleramt** am Ballhausplatz, das von Anfang an der Politik gewidmet war: Johann Lucas Hildebrandt, der sich bei der Grundsteinlegung 1717 gerade als Architekt des Unteren Belvederes einen Namen gemacht hatte (➤ Tour 2), entwarf es für die Staatskanzlei als monumentales Amtsgebäude. Von den Fenstern Richtung Süden blickten später auch Staatskanzler Metternich und seine Beamten auf die **Amalienburg,** einen der ältesten Teile der Hofburg, benannt nach Kaiserin Amalia Wilhelmina, die die Räume nach dem frühen Tod von Joseph I. 1711 bezog. Nachdem ihre Töchter standesgemäß verheiratet waren, zog sie sich allerdings in das von ihr gegründete Kloster am Rennweg zurück (➤ Tour 2).

Durch das Löweltor kommt man zu einem Platz, der nach seiner Lage **„In der Burg"** heißt. Rechts erstreckt sich der schon erwähnte Leopoldinische Trakt, links der von Karl VI. (1685–1740) beauftragte **Reichskanzleitrakt,** dessen Name bis 1806 Programm war. Die Räume im ersten Stock ließ Kaiser Franz Joseph I. (1830–1916) zu seinen Residenz- und Wohnräumen umgestalten. Heute bilden sie eines der touristischen Zentren der Hofburg. Die **Kaiserappartements** sind noch beliebter, seit sie 2004 durch ein **Sisi-Museum** ergänzt wurden, das in dramatisch verdunkel-

Kaiserappartements im Reichskanzleitrakt

ten Räumen Licht in den Mythos um Kaiserin Elisabeth zu bringen versucht. Wie durch einen Tunnel wandern Besucherinnen und auch einige Besucher durch Sisis inszeniertes Leben, wobei Erstere vielleicht ein bisschen länger vor den Exponaten stehen bleiben, um die Raffinesse von Sisis Kleidern zu bewundern oder den engen Gürtel zu bestaunen, der ihre extrem schlanke Taille betonte. Ihre persönliche Kokainspritze soll sie allerdings nur gelegentlich auf ärztliche Anweisung hin verwendet haben. Gestorben ist die Kaiserin durch die ebenfalls ausgestellte dreikantige Feile, die ein Attentäter am 10. September 1898 am Genfer See in die Brust der Kaiserin stach.

Nach so viel Düsternis wirken die Kaiserappartements wie ein Ausflug in eine nostalgisch verklärte Vergangenheit im Stil von Ernst Marischkas „Sissi“-Filmen, vor allem dann, wenn jeden Samstagvormittag von Ende April bis Mitte Oktober die Deutschmeisterkapelle im Hof spielt und die Sonne durch die hohen Fenster scheint, um in den Räumen auch jene Details zu erhellen, die Elisabeths Eigenwilligkeit verraten, wie die legendären Ringe, das Reck und die Sprossenwand im Toilette- und Turnzimmer. Verräterisch sind aber auch jene Dinge, die fehlen: Während der Kaiser seine Räume mit unzähligen Familienporträts dekoriert hat, sind sie bei der Kaiserin nur vereinzelt zu finden. Dafür hängen mehrere Porträts des Dichters Heinrich Heine an der Wand, mit dem Elisabeth sich seelenverwandt fühlte.

Von künstlerischer Freiheit zeugt auch das Naturparadies irgendwo am Ende der Welt, mit dem Johann Wenzel Bergl (1718–1789) die Wände zweier Zimmer bemalt hat. Der Lieblingsmaler Maria Theresias, dessen fantastische Landschaften auch durch die Schlösser Schönbrunn (➤Tour 3), Laudon (➤Tour 4) und Ober St. Veit (➤Tour 5) wuchern, hat für Kraniche, weiße Kaninchen und Pelikane ein Schlaraffenland voller exotischer Früchte und Fische geschaffen.

Während der Zwang des höfischen Zeremoniells auf Bergls Wandbildern so weit weg ist wie ein Wiener Schloss vom tropischen Meer, waren ihm Bewohner und Gäste der Hofburg auch im Speisesaal, der letzten Station der Kaiserappartements, unterworfen. Mit der kostbar dekorierten Tafel wird der Bogen zurück zur **Silberkammer** geschlagen, wo zu Beginn des Rundgangs bereits Servietten in der geheimnisumwobenen Kaiserfaltung zu sehen waren. Um derlei Raffinessen zu bewundern, blieb den Gästen eines Diners mit Franz Joseph wenig Zeit. Wenn der Kaiser nach durchschnittlich 45 Minuten sein Besteck niederlegte, war das bis zu 13 Gänge umfassende Menü für alle beendet.

Heutige Besucher werden subtiler beeinflusst: Vom Speisesaal führt der Weg direkt in den Hofburg-Shop, wo man u. a. Nachbildungen jener Diamantsterne kaufen kann, die durch Franz Xaver Winterhalters Porträt der Kaiserin in großer Hofgala berühmt wurden. Die 27 echten Sterne vererbte Elisabeth ihrer Enkelin Elisabeth Marie, die sie 1902 als Aussteuer in die Ehe mit Otto Windisch-Graetz mitbrachte. Dieser Verbindung, die selbst unter keinem guten Stern stand, lässt sich auf ➤ Tour 4 weiter nachgehen.

Lipizzaner in der Stallburg

Wieder angekommen auf dem Platz In der Burg, kann man sich vom Strom der Touristen unter der Michaelerkuppel hindurch auf den **Michaelerplatz** und weiter zur **Stallburg** treiben lassen. Während ein paar Lipizzaner ihre Nasen aus den Ställen in den schönen Renaissanceinnenhof mit den Arkaden stecken, bietet vorbeitrabenden Fußgängern eine verglaste Passage Einblick. Errichtet ab 1559 als Residenz für Maximilian II., ließ der Kaiser sie schon 1565 für seine spanischen Pferde umbauen.

Bei der Morgenarbeit kann man den Bereitern der Spanischen Hofreitschule in der **Winterreitschule** gegenüber der Stallburg (Eingang in der Michaelerkuppel) zuschauen, die Kaiser Karl VI. von

Palais Pallavicini

1729 bis 1735 nach Plänen von Joseph Emanuel Fischer von Erlach erbauen ließ. Wer dem Gedränge in den Galerien des rechteckigen Barocksaals mit dem mächtigen Spiegelgewölbe entkommen ist, indem er einen der Sessel in der Kaiserloge ergattert hat, kann sich zurücklehnen und dabei vielleicht etwas spüren von der laut Website „unvergleichlichen Harmonie zwischen Reiter und Pferd, wie sie heute nur mehr in der Spanischen Hofreitschule zu Wien erreicht wird".

Einen Steinwurf entfernt von der Stallburg liegt der **Josefsplatz,** dem ausgerechnet das **Palais Pallavicini** Ende des 18. Jahrhunderts einen Skandal bescherte: Die Fassade des Eckhauses wurde gegenüber der prunkvollen Hofburg als allzu schlicht empfunden. Heutige Betrachter teilen diesen Eindruck wahrscheinlich nicht, stehen sie doch auf Zehenhöhe mit zwei riesigen Frauenfiguren auf jeder Seite des Eingangs. Während die Damen ein aufgebogenes Dach auf ihren Köpfen balancieren, schauen sie dem ebenfalls von Franz Zauner geschaffenen Kaiser Joseph II. (1741–1790) in die Augen. Vor der Kulisse des **Prunksaaltraktes der ehemaligen Hofbibliothek** ist der umstrittene Reformator zum Reiterstandbild erstarrt, auch wenn er in den zehn Jahren seiner Alleinherrschaft manches in Bewegung brachte.

Am Josefsplatz liegt nicht nur der Eingang zu einem der bedeutendsten Bibliotheksräume der Welt, der mit seinen Deckenfresken, Marmorstandbildern, Bücherschränken aus Nussholz und nicht zuletzt rund 200.000 Büchern als barockes Gesamtkunstwerk gilt, sondern auch zur **Augustinerkirche,** der zweitgrößten mittelalterlichen Kirche Wiens nach dem Stephansdom. Dort heirateten mit Franz Stephan und Maria Theresia 1736 sowie Franz Joseph I. und Elisabeth 1854 die populärsten Schlossherren und -damen Wiens, dort kamen auch viele kaiserliche Herzen zur letzten Ruhe, seit Ferdinand IV. (1633–1654) testamentarisch verfügt hatte, sein Herz nach dem Ableben Maria zu Loreto zu Füßen zu legen. Eingehüllt in Seidentücher und eingelegt in Spiritus sollen die Organe in den silbernen Bechern liegen, die in der **Loretokapelle** aufbewahrt werden. Überprüfen wird man das bei einer Führung nicht, aber zumindest einen Blick aus gebotener Distanz in die Herzgruft werfen.

Nachdem man die Augustinerkirche verlassen hat und durch den Durchgang in der südlichen Ecke des Josefsplatzes gegangen ist, blickt man auf gotische, mit schmalen Steinfenstern gekrönte Arkaden, die bei der Sanierung der Fassade 2011 freigelegt wurden. Der Blick auf den Abschnitt des 1341 geweihten Kreuzgangs der Augustiner passt zur klösterlichen Stille, die noch heute im **Augustinerhof** und im angrenzenden **Klosterhof** herrscht. Anderswo überlaufen, ist die Hofburg hier meist menschenleer.

Gesellschaft bekommt man schnell wieder, wenn man über den Josefsplatz, durch den Durchgang unter dem **Redoutensaaltrakt** und den **Schweizerhof** mit der **Burgkapelle** und der **Schatzkammer** zurück zum Platz **In der Burg** geht. Ein violetter Kasten am Durchgang zum Heldenplatz scheint aus der Frühgeschichte des Informationszeitalters zu stammen: Wer die passenden Münzen einwirft, weil er Reiseführer und Smartphone vergessen hat, dem erzählt der Phonomat vielleicht etwas über das schwarz-rot-goldene Renaissanceportal des Schweizertors, das mit Manntürl und Zugrollen das Mittelalter heraufbeschwört.

Nur wenige Meter, aber viele Jahrhunderte trennen diesen ältesten Teil der Hofburg von der **Neuen Burg,** die Teil des nie vollendeten Kaiserforums hätte werden sollen. Imposant ist der **Heldenplatz** mit dem äußeren Burgtor und den Reiterstandbildern von Erzherzog Karl und Prinz Eugen aber vielleicht gerade, weil das Pendant zur Neuen Burg nie gebaut wurde und deshalb nichts dem großformatigen Panoramabild im Weg steht, das die Prachtbauten an der westlichen Ringstraße ergeben. Nach diesem Ausblick lädt der **Maria-Theresien-Platz** auf der anderen Seite der Ringstraße zur inneren Einkehr ein: Unter der Obhut der einstigen Landesmutter, die vom größten Denkmal der Habsburgermonarchie in Wien jeden einzelnen Besucher persönlich zu begrüßen scheint, ist schon so mancher erschöpfte Tourist auf dem Rasen zwischen Natur- und Kunsthistorischem Museum sanft entschlummert.

Schweizer Tor

Zum angeregten Plaudern trifft man sich auf der anderen Seite der sog. Zweierlinie, wie der Museumsplatz nach der einst dort verkehrenden Straßenbahnlinie 2 auch genannt wird: Das **Museumsquartier** hat sich aus den ab 1723 errichteten Hofstallungen zu einem der weltweit größten Kunst- und Kulturareale entwickelt. Im Haupthof sitzt oder liegt man auf den knallbunten, nach der ehemaligen Marketingleiterin Daniela Enzi be-

Museumsquartier mit Enzis

Palmenhaus im Burggarten

nannten Freiluftmöbeln recht entspannt im Spannungsfeld aus historischen und modernen Gebäuden. Während der Fischer-von-Erlach-Trakt, der den Haupthof zur Zweierlinie hin abschirmt, als Stall für Schimmel auf der einen und Rappen auf der anderen Seite diente, wurde das mumok (museum moderner kunst stiftung ludwig wien) als größtes Museum für moderne und zeitgenössische Kunst in Mitteleuropa um die Jahrtausendwende neu errichtet und sieht mit seiner Fassade aus anthrazitfarbenem Basalt aus, als habe es jemand aus einem großen Klumpen Plastilin geformt.

Die Pferdeköpfe über dem Durchgang zum Fürstenhof erinnern daran, dass dort einst Pferdeschwemme und Wagenremisen untergebracht waren. Durch den Klosterhof gelangt man zur Mariahilfer Straße und über die Babenbergerstraße entlang der nicht minder prächtigen Rückfassade des Kunsthistorischen Museums und über den Ring in den **Burggarten.** Vor der Kulisse aus Neuer Burg und Palmenhaus lässt es sich auf der Bühne dieses zentralen englischen Landschaftsgartens picknicken wie zu Queen Victorias Zeiten.

Möglichkeiten zum Rückzug bieten die Bänke auf der **Augustinerbastei.** Während hinter dem Palmenhaus die Sonne untergeht und die Teller des Restaurants im Rücken klappern, erklingt plötzlich eine Arie, aus der Staatsoper vermutlich, liegt ja nahe. Doch nachdem man die Treppe zum Albertinaplatz hinuntergestiegen ist, bekommt die Stimme ein Gesicht: Neben dem **Danubiusbrunnen** stimmt eine junge Frau jetzt so inbrünstig Leonard Cohens „Hallelujah“ an, dass die Personifika-

Blick von der Terasse der Albertina zum Hotel Sacher und zur Wiener Staatsoper

tionen österreichischer Flüsse davon eigentlich zum Leben erwachen müssten. Ob die Herzen solventer Passanten leichter zu erweichen sind als die steinernen der Brunnenfiguren?

Annähernd gleich viele schwarze Sportwagen und Schmuckgeschäfte säumen den Weg zum Stephansplatz. Inmitten dieses weltlichen Luxus führen am Neuen Markt ein paar Stufen hinunter zu einem Ort, der Reichtum und Macht noch im Tod signalisiert. 1633 wurden auf Wunsch von Kaiserin Anna das Kapuzinerkloster und die **Kapuzinergruft** fertiggestellt, in der rund 150 Mitglieder des Hauses Habsburg eine letzte Ruhestätte fanden. Die Sarkophage, teils nach dem Geschmack des Barock überbordend dekoriert, sollten die unversehrte Lagerung des Leibes bis zum Jüngsten Gericht ermöglichen. Gerade die ganz kleinen Särge, wie jener der tot geborenen Tochter von Joseph II. und Isabella von Parma, der unter den ihrer fünf Tag später gestorbenen Mutter geschoben wurde, erzählen aber vielmehr von der Tragik des Lebens, vor der kein Geld der Welt bewahrt.

Bis 1878 wurden in der Kaisergruft mit wenigen Ausnahmen nur die einbalsamierten Körper der Verstorbenen beigesetzt. Da drei Kirchen am Leichnam eines regierenden Herrn Anteil haben sollten, wählte man neben der Augustinerkirche für die Herzen noch den **Stephansdom** für die Intestina (Eingeweide) aus. Dessen Herzogsgruft war bis ins 16. Jahrhundert die letzte Station für viele habsburgische Landesfürsten gewesen. Dass ihre Särge im 21. Jahrhundert Ziel von „Halloween-Gruselreisen“ sind, werden sie nicht geahnt haben.

Schlösser

- **Hofburg, 1010 Wien,** www.hofburg-wien.at

Kaiserappartements, Sisi-Museum, Schatzkammer und **Silberkammer** tägl. geöffnet;
Termine für die Morgenarbeit in der **Spanischen Hofreitschule** unter: www.srs.at;
Prunksaal der Nationalbibliothek tägl. außer Mo geöffnet;
Augustinerkirche und **Burggarten** tagsüber frei zugänglich

Außerdem sehenswert:

- **Minoritenkirche,** Minoritenplatz 2a
- **Bundeskanzleramt,** Ballhausplatz 2
- **Palais Pallavicini,** Josefsplatz 5
- **Natur- und Kunsthistorisches Museum,** Maria-Theresien-Platz
- Museen im **Museumsquartier**
- **Augustinerbastei** mit **Albertina** und **Danubiusbrunnen**
- **Kapuzinergruft,** Tegetthoffstraße 2
- **Stephansdom,** Stephansplatz 3

Rasten

Soho in der Nationalbibliothek
Josefsplatz 1 / Neue Burg (Zugang vom Burggarten neben dem Schmetterlingshaus), Kantine mit guten und preisgünstigen Menüs, geöffnet Mo–Fr, 9–16 Uhr, ausgenommen feiertags und im August

Café Palmenhaus
Burggarten 1, innovative Wiener und mediterrane Küche auf der Sonnenterrasse oder im lichten Gewächshaus (www.palmenhaus.at)

Cafés und Restaurants im **Museumsquartier**

Danubiusbrunnen

mumok (Museum Moderner Kunst)

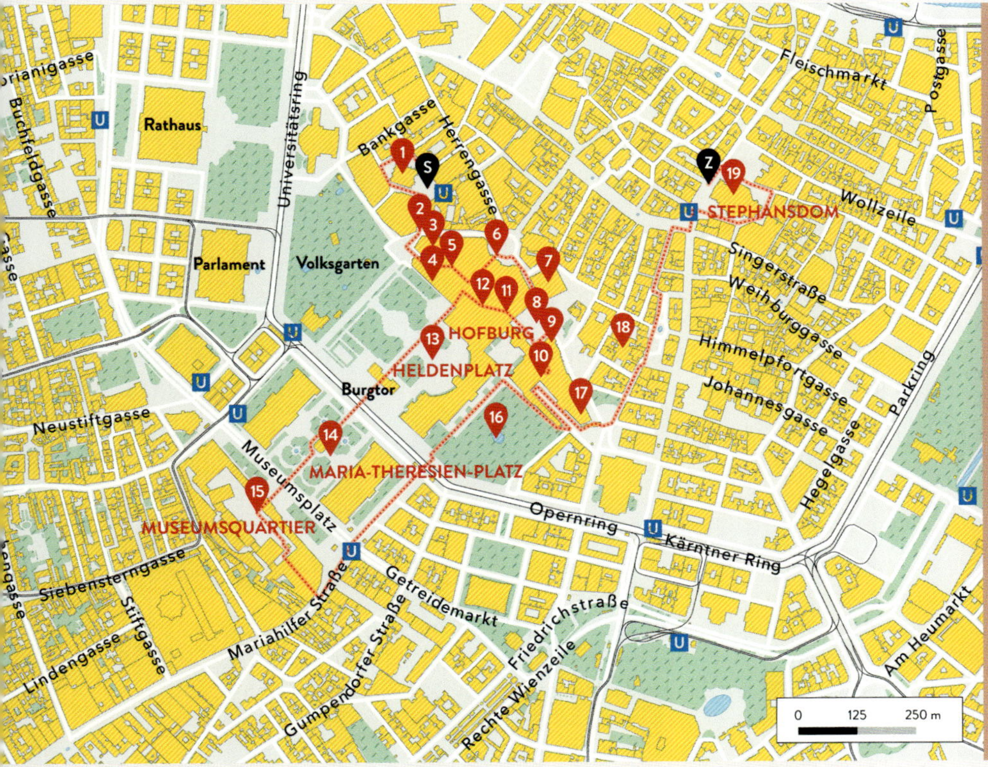

Route

Art der Tour: Spaziergang (4,2 km)
Start: Herrengasse (U3)
Ziel: Stephansplatz (U1, U3)

U3-Ausgang Minoritenplatz ❶, Bruno-Kreisky-Gasse, Ballhausplatz ❷, links durch das Löweltor ❸, über den Platz In der Burg mit Leopoldinischem Trakt ❹ und Reichskanzleitrakt ❺, links unter der Kuppel hindurch zum Michaelerplatz ❻, rechts in die Reitschulgasse zur Stallburg ❼ und zum Josefsplatz ❽ mit Augustinerkirche ❾, Abstecher Augustinerhof und Klosterhof ❿, zurück zum Josefsplatz, unter dem Redoutensaaltrakt ⓫ in Kapellenhof, Schweizerhof ⓬, links durch die Burgpassage zum Heldenplatz ⓭, Burgring queren, Maria-Theresien-Platz ⓮, Museumsplatz, Museumsquartier ⓯, links zur Mariahilfer Straße, Getreidemarkt queren, Babenbergerstraße, Burgring queren, Burggarten ⓰, vorbei am Palmen- und Schmetterlingshaus zum Ausgang Hanuschgasse, Treppe hinauf zur Augustinerbastei ⓱, rechts zum Eingang der Albertina, hinunter zum Helmut-Zilk-Platz, Tegetthoffstraße ⓲, Neuer Markt, Seilergasse, Stephansplatz ⓳

2 Vom verschwundenen Schloss zum Prunkbau des Prinzen

Margaretenhof und Schlossquartier Margareten | Theresianum | Oberes und Unteres Belvedere

Tour 2: Schlossquartier Margareten, Theresianum und Belvedere

Vom dicht verbauten 5. Bezirk, in dem der Margaretenhof und das Schlossquartier an das Schloss Margareten erinnern, ist es nicht weit bis zum 3. Bezirk, in dem mit dem Belvedere eines der bedeutendsten barocken Gesamtkunstwerke Europas steht. Auf dem Weg durch den 4. Bezirk kommt man an einem ehemaligen kaiserlichen Lustschloss vorbei: Die Favorita war um die Wende des 17. auf das 18. Jahrhundert bevorzugter Sommersitz der Habsburger, bis Maria Theresia Schönbrunn den Vorzug gab und die Jesuiten an der Favoritenstraße die Theresianische Akademie begründeten.

Vom denkmalgeschützten Stationsgebäude der ehemaligen Wiener Stadtbahn und heutigen U4 sind es nur wenige Schritte durch die von Bussen durchbrummte Pilgramgasse ins historische Zentrum des 5. Bezirks. Der **Margaretenplatz,** einst Vorplatz eines Schlosses, hat sich seine schiefe Rechteckform seit rund 300 Jahren bewahrt. Wer in dem imposanten Gebäude mit prunkvoller Fassade, Gusseisenveranda und zwei Ecktürmen an der Westseite das Schloss vermutet, hat sich getäuscht. Tatsächlich ist es nur eine Stein gewordene Erinnerung: Der **Margaretenhof** nimmt zwar Elemente des ehemaligen Schlosses am Margaretenplatz auf, doch versteckt sich eigentlich ein frühes Beispiel für die städtischen Wohnbauten in Wien hinter der repräsentativen Fassade. Die Theaterarchitekten Ferdinand Fellner und Hermann Helmer, die auch das Springer-Schlössl im 12. Bezirk entworfen haben (➤ Tour 3), errichteten den Zinshauskomplex 1884 bis 1885 anstelle des Bräuhauses. Den Hof dahinter gestalteten sie als grüne Allee, die gegen den Margaretenplatz von einem schmiedeeisernen Tor versperrt wird. „Durchgang für die Öffentlichkeit verboten" steht auf einem Schild, das mit seiner Frakturschrift ähnlich alt aussieht wie die Wohnhausanlage selbst.

Im Gegensatz zum repräsentativen Margaretenhof stehen auf der südöstlichen Seite des Platzes unauffällige zwei- bis viergeschossige Häuser. Auf den ersten Blick erinnert nichts an ihnen an das Schloss, das einst dort stand. Wo sein Kern war, hängt über dem Tor des Hauses am Margaretenplatz 3 die Bauinschrift mit dem Chronogramm 1651. Die Wurzeln des Schlosses reichen je-

Margaretenhof

doch zurück bis ins 14. Jahrhundert, bis zum „Niederen Hof“, einem Gutshof mit Weiler und Kapelle, die der heiligen Margareta von Antiochia geweiht war und der Vorstadt ihren Namen gab. Im Lauf der Jahrhunderte wuchsen der Weiler zu einer Siedlung und der Gutshof zu einem Schloss mit großem Garten heran. Dass der Graf von Sonnau die Grundherrschaft Margareten 1727 an die Gemeinde Wien verkaufte, hatte Folgen für Kapelle, Garten und Schloss. Die Kapelle, die im Bereich der heutigen Margaretenstraße 79 stand, wurde Ende des 18. Jahrhunderts abgebrochen, um Platz für ein Wohnhaus zu schaffen. Der Schlossgarten verwandelte sich 1749 in eine Maulbeerbaumschule – eine Metamorphose, die Maria Theresia zum Zweck der Seidenraupenzucht hier erstmals staatlich förderte. Und aus dem Schloss wurde im Sog der Industrialisierung eine Fabrik.

Aus dem Schlossareal schälte sich nach der Parzellierung ein vorstädtisches Wohn- und Gewerbeviertel mit den Vorgängern jener gastronomischen Betriebe heraus, für die das sog. **Schlossquadrat** noch heute bekannt ist. Vorbei am „Cuadro“, ehemals eine Weinstube, kann man quer durch das Areal des ehemaligen Schlosses zum Silberwirt gehen, an dessen Stelle laut Steuerbuch schon anno 1787 ein Haus mit „Weinschankgerechtigkeit“ stand. Wer lieber außen herum durch die Schlossgasse gehen möchte, biegt damit um die Ostecke des ehemaligen Schlosskomplexes und folgt der Grenze des ehemaligen Schlossgartens. Dessen großzügiges Grün ist auf die Größe einer Baumscheibe geschrumpft, aus de-

Abgebranntes Haus

ren Erde Sommerblumen in allen Farben sprießen. Auf einem in die Erde gesteckten Fähnchen wird die „Pflanzenvielfalt für die BewohnerInnen und Gäste der Schloßgasse" hochgehalten, die offenbar auch auf kleinstem Raum möglich ist. Ein zeitgenössisches Kunstobjekt auf einem Fensterbrett scheint bereits auf das Ziel dieses Spaziergangs einzustimmen: Kopf und Oberkörper der ockergelben Skulptur sind wie der Körper einer Frau geformt, während der Rest an eine Katze mit zu lang geratenem Schwanz erinnert. In dieser Mischform ähnelt das auf den Hinterbeinen sitzende Wesen jenen Sphingen, die am Oberen Belvedere die Abgänge in den Garten bewachen.

Auf dem Weg dorthin kommt man an einem Geschäft am Mittersteig vorbei, in dem Möbel und Accessoires aus Asien und Nordafrika angeboten werden. Maria Theresia, die die Räume ihrer zahlreichen Schlösser nach der Mode ihrer Zeit gern „chinesisch" ausstatten ließ, hätte dort auf der Suche nach dem trendigsten Stück sicher die eine oder andere Vase gefunden. Im **Carla** dagegen, dem Caritas-Lager am Mittersteig 20, herrscht die Philosophie, dass Altes noch einen Wert hat und dass Schrammen oder klemmende Schubladen einem Möbelstück einen Charakter verleihen, den ein neuer Schreibtisch niemals haben kann.

Der Weg zum Belvedere führt vom Mittersteig zur Wiedner Hauptstraße, wo sich eine der größten Wohnsiedlungen Wiens für Arme erstreckte. Ihr kurioser Name steht noch heute in großen weißen Lettern über einer Eingangstür kurz vor der Einmündung in die Wiedner Hauptstraße: „Große Neugasse 1 **Abgebranntes Haus**". Da ein Brand in der Geschichte der Siedlung nicht belegt ist, darf über die Bedeutung des Namens spekuliert werden. Unbestritten ist die einstige Größe der Anlage, die mehr als ein Dutzend Wohnhäuser, Wagenremisen und Magazine umfasste. Wenn man rechts um die Ecke in die Wiedner Hauptstraße biegt, tragen die ersten drei Häuser noch heute eine Nummer. Die Besitzer des Abgebrannten Hauses dürften dank der beträchtlichen Mieteinnahmen jedenfalls keinen Grund gehabt haben, selbiges zu sein.

Wo schräg gegenüber durch den spitzen Winkel, in dem die Schaumburgergasse von der Wiedner Hauptstraße abzweigt, ein hübscher Platz entsteht, ist seit 1880 das **Café Wortner** ansässig. Wenn es warm genug ist, kann man

Café Wortner & Engelbrunnen

draußen unter roten Sonnenschirmen sitzen, das Treiben der Geschäftsstraße im Blick und doch in angenehmer Distanz. Ein Wirt spielt auch eine der Hauptrollen in jener Geschichte, die der 1893 errichtete **Engelbrunnen** vor dem Café Wortner darstellt: Der Sage nach gelang es im 15. Jahrhundert einem Mädchen, mit einem Trick einen gefürchteten Räuber zu fangen. Und weil Elisabeth auch gleich noch den Wirt der Teufelsmühle, der dem Räuber Unterschlupf gewährt hatte, unschädlich machte, sind zwei Männer am Fuß des Brunnens angekettet, der nach seinem Stifter Viktor von Engel benannt ist.

Eine Frau, die Geschichte geschrieben hat, war auch Karoline Ott, die Enkelin von Leopold Haresleben, der in der Schaumburgergasse eine florierende Seidenfabrik betrieb. Als die reiche Erbin kinderlos starb, vermachte sie ihren Besitz, darunter auch das 1814 erbaute (Kaffee)Haus Ecke Wiedner Hauptstraße, einer Stiftung für alleinstehende Frauen, die noch heute von der Gemeinde Wien verwaltet wird.

Durch die Mayerhofgasse, die von der Wiedner Hauptstraße geradewegs auf das **Theresianum** zuführt, erreicht man jene ausgedehnte Anlage an der Favoritenstraße, die im Kern ein bedeutendes kaiserliches Lustschloss ist. Anna, Gemahlin von Kaiser Matthias, hatte dort 1614 einen Meierhof erworben. Er wurde zu einem Schloss ausgebaut, das seit 1623 als Favorita bekannt war. Für Leopold I., Joseph I. und Karl VI. war das 1683 für die Verteidigung gegen die Türken niedergebrannte, aber umso glanzvoller wieder aufgebaute Schloss, das in Abgrenzung zur Alten Favorita im 2. Bezirk auch Neue Favorita genannt wurde, bevorzugter Sommersitz.

Unterhaltung unter freiem Himmel bot der Garten, der sich einst noch über die Argentinierstraße hinaus etwa bis zum heutigen Belvedere erstreckt haben soll. Damit war ausreichend Platz für aufwendig ausgestattete Barockopern mit allem Drum und Dran. Sogar Seeschlachten wurden auf einem Teich in Szene gesetzt. Das Sommertheater genoss einen ausgezeichneten Ruf. Als jedoch 1716 bei einer Vorstellung zu Ehren der Geburt von Leopold, dem ersten Sohn von Karl VI., ein heftiges Gewitter niederging, galt das allerdings als böses Omen. Tatsächlich starb Leopold wenige Monate darauf.

Die 1690 als Bühnenprospekt errichtete und im 20. Jahrhundert zu einem Ehrenmal umgestaltete Grotte liegt heute im

Theresianum

Schatten hoher Bäume. Einige jener Ulmen, Eichen und Kastanien, die als uralte Riesen im Garten stehen, mögen schon damals unter den Zuschauern gewesen sein. Seeschlachten bekommen sie allerdings schon lange nicht mehr zu sehen, zumal der Teich 1963 zugeschüttet wurde. Als besonderer Schatz erhalten blieb das 1679 geschmiedete Tor zum Botanischen Garten mit seinem perspektivisch ausgeweiteten Rundbogen.

Jede Menge Platz für die kaiserlichen Familien und ihren Hofstaat gab es aber auch im Schloss, das schon vor der Zerstörung 1683 zwei Höfe umfasste. In der Bibliothek, in der es nach altem Holz, alten Büchern und dem Wissen von gestern riecht, wurden früher Feste gefeiert. Im Peregrinsaal, dessen Wände und Decke allegorische Darstellungen bevölkern, wurden die Gäste empfangen. Ganz und gar mit Scheinarchitektur ausgemalt ist auch die zweigeschossige Kapelle. Die barocken Altbarbilder stammen von Peter von Strudel und seinem Umkreis.

Nach dem Tod ihres Vaters überließ Maria Theresia das Sommerschloss ihrer Jugend den Jesuiten, die dort ein „Collegium nobile" einrichteten und damit jene Bildungsstätte begründeten, die das Schloss bis heute geblieben ist. Unter dem „höchsten Schutz" der Regentin sollte das Collegium Theresianum „zum Besten des allgemeinen Wesens, besonders aber der adeligen Jugend" dienen. Die Nationalsozialisten, die andere Erziehungsziele verfolgten, machten aus dem Theresianum 1938 eine sog. „Napola": In der Nationalpolitischen Lehranstalt sollte die Führungselite des Deutschen Reichs herangezogen werden.

Nach dem Zweiten Weltkrieg wurde das Schloss von den Russen besetzt. Erst 1957 konnten wieder Schüler unterrichtet werden. Wenn man die Fotos betrachtet, die kurz nach dem Ende der Besatzungszeit entstanden, wundert man sich, dass noch so viel von der barocken Ausstattung erhalten ist. Die Aufnahmen hängen dort, wo heute die Büros des Kuratoriums der Stiftung untergebracht sind. Im Sitzungssaal, wo der Kurator den Gymnasiasten die rot-weiß-rote Nadel als Symbol für die Zugehörigkeit zum Theresianum verleiht, schauen Maria Theresia und Franz I. Stephan von Lothringen von riesigen Ölgemälden auf den Tisch in ihrer Mitte. Auch das Bett, in dem Karl VI. starb, soll dort gestanden haben. Im nachträglich angebauten Erker im Bereich des ehemaligen Sterbezimmers wächst gegenüber vom

Oberes Belvedere

Altarbild in der Kapellennische ein sorgfältig gemalter Stammbaum des Hauses Habsburg-Lothringen in die Höhe, der schon zur Entstehungszeit um 1760 eine ganze Wand füllte.

Möglicherweise entschied sich Maria Theresia ja damals gegen die Favorita und für Schönbrunn als Sommersitz (➤ Tour 3), weil das nur wenige hundert Meter entfernte **Belvedere** die Favorita in den Schatten gestellt hatte. Errichtet im ersten Viertel des 18. Jahrhunderts für Prinz Eugen von Savoyen (1663–1736), gilt die barocke Anlage als eine der schönsten Europas. Architekt Johann Lucas Hildebrandt nutzte das ansteigende Gelände geschickt, indem er an den tiefsten und an den höchsten Punkt jeweils ein Schloss stellte. Dazwischen spannt sich idealtypisch ein Park mit Terrassen, Wasserbecken und Kaskaden. Während das lang gestreckte **Untere Belvedere,** das als Residenz diente, den Garten aufzufangen scheint, wirkt das **Obere Belvedere,** in dem der Prinz vor allem repräsentieren wollte, bei aller Größe so leicht, als müsse man nur ein paar Leinen kappen, damit es in den Himmel über Wien aufsteigt.

Für die namensgebende schöne Aussicht reicht aber schon allein die Lage oben am Hang aus. Während man durch das Schloss streift, weiß man nicht, was schöner ist: der Blick aus den Fenstern über Wien bis hin zum Kahlenberg, die Innenausstattung oder die Kunstwerke an den Wänden. Schon der Prinz war ein begüterter und begeisterter Sammler von Gemälden, Kupferstichen, Handschriften und Büchern. Wenige Jahrzehnte nach seinem Tod 1736 wurde das Obere Belvedere endgültig zur Galerie, deren Sammlung heute Werke vom Mit-

Brunnenfiguren im Park

telalter bis zur zeitgenössischen Kunst umfasst.

Von der Einrichtung aus der Zeit des Prinzen zeugen nur noch die Kupferstiche, die Salomon Kleiner (1700–1761) zwischen 1731 und 1740 von den Gebäuden angefertigt hat. Deren Abbildungen in jedem Raum zeigen vor allem Verlorenes wie die vergoldete Vertäfelung im nordöstlichen Pavillon: Das Goldkabinett wurde bei einem Brand 1950 zerstört. Ebenfalls nur noch auf der Abbildung zu sehen ist das Prunkbett mit dem Betthimmel, den Bündel aus Straußenfedern zieren. Im Ankleidezimmer neben diesem repräsentativen Schlafzimmer ist der ehemalige Besitzer zumindest noch in Form eines Porträts zu Hause. Jacob van Schuppen malte Prinz Eugen 1718 großformatig in Öl, allerdings nicht als Schloss-, sondern als Feldherrn.

Erhalten blieb die 1723 vollendete Kapelle im südöstlichen Pavillon des Oberen Belvedere, doppelgeschossig wie der berühmte Marmorsaal und mit vergoldetem Bandlwerk ebenfalls prunkvoll ausgestattet. Und wer im ehemaligen Antichambre und Konferenzzimmer den Kopf in den Nacken legt, kann auf den Deckengemälden von Giacomo del Pò (1654–1726) die Allegorie auf den Ruhm und den Feldherrn auf Wolken sehen.

Mit der Vergöttlichung des ruhmreichen Auftraggebers bildet das Obere Belvedere auch buchstäblich den Höhepunkt des barocken Gesamtkunstwerks. Mythologisch besser bewanderte Zeitgenossen des Prinzen vermochten in der symmetrischen Anlage des **Gartens** mit seinen geschwungenen Blumenbeeten, Brunnen, Statuen, Hecken und Wegen wohl eher die Botschaft zu erkennen, dass die Kunstfertigkeit des Menschen über die rohe Gewalt der Natur – das Sinnbild der Feinde – siegt. Im Zuge der Restaurierung, mit der Ende der 1980er-Jahre begonnen wurde, wird die Handlung jenes Schauspiels wieder sichtbar, das sich den Besuchern auf dem Weg vom Unteren zum Oberen Belvedere bot: Die Brunnenfiguren Hades und Neptun, also die Unterwelt und das Wasser, beherrschten den ehemals schattigen Waldbereich auf der untersten Terrasse. Weiter oben überwand Herkules seine Gegner, die Apollo ihrer gerechten Strafe zuführte. Die oberste Kaskade symbolisierte die Quellen zu Füßen des Berges Parnass, auf dem Apollo im Kreis der Musen, den Göttinnen der Kunst, thront. Und oben auf der Anhöhe lag mit dem Oberen Belvedere der Gipfel des Götterbergs.

Das ausgeklügelte mythologische Programm dürfte seine Wirkung auf die Betrachter nicht verfehlt haben. Zumindest am Reichtum des Prinzen Eugen gibt es auch heute keinen Zweifel: Einst noch ergänzt durch eine Menagerie, in deren Hof Pfauen, Schwäne, Kraniche und Löffelgänse umherliefen, und einen Pfirsichgarten hatte Dominique Girard alle finanziellen Möglichkeiten, um eine Schlossanlage wie aus dem barocken Lehrbuch Wirklichkeit werden zu lassen, einschließlich des **Kammergartens** westlich des Unteren Belvedere, begrenzt durch die **Orangerie** und ein nicht mehr vorhandenes Vogelhaus aus Schmiedeeisen und Drahtgeflecht. Darin hielt der Prinz auch einen Adler, den er täglich fütterte, wenn er nicht gerade einmal wieder in militärischer Mission unterwegs war.

Das **Untere Belvedere** selbst diente als Wohnschloss, was nicht heißt, dass es nicht gleichfalls repräsentativ ausgestattet war. Auch hier gibt es einen zweigeschossigen Marmorsaal, der mit seiner Triumphbogenarchitektur sowie plastischen Gruppen aus Trophäen und türkischen Gefangenen eintretenden Gästen die Erfolge des Prinzen gleich einmal deutlich vor Augen führte. Dem gleichen Zweck war das Deckenrelief in der tonnengewölbten Marmorgalerie gewidmet, die den angemessenen Ausstellungsraum für drei antike Statuen bildete.

Reichtum und Macht einer anderen Besitzerin spiegelt das Goldkabinett, das zu der Zeit umgestaltet wurde, als Maria Theresia 1752 den Besitz übernahm. Die mit Vögeln und Zweigen bemalte Seide, mit der die Wände des Kabinetts bespannt waren, war ihr offenbar noch nicht prächtig genug. Von den verspiegelten Teilen

Blick auf Unteres Belvedere und Orangerie

der Wände werden die kostbare vergoldete Vertäfelung und die Konsolen mit asiatischen Vasen unendlich vervielfacht: ein Reichtum, der schwindlig macht.

Weltlicher Luxus und religiöse Askese liegen am Rennweg dicht beieinander. Die Kuppel der Kirche und die Mauern der Häuser, die den unteren Teil des Gartens auf der Ostseite begrenzen, gehören zum **Kloster der Salesianerinnen,** das fast zur selben Zeit errichtet wurde wie das Belvedere. Stifterin war eine Habsburgerin: Kaiserin Amalia Wilhelmina, Witwe von Joseph I., suchte einen Ort, an dem sie nach dem frühen Tod ihres Gatten zurückgezogen ihren Lebensabend verbringen konnte. 1719 wurde die Kirche eingeweiht und die ersten Ordensfrauen zogen ins Kloster ein, um dort auch Mädchen aus dem verarmten Adel oder dem gehobenen Bürgertum zu unterrichten.

Rund 300 Jahre nach der Gründung finden die Salesianerinnen, die nach eigenen Angaben „zur totalen und endgültigen Hingabe ihrer selbst" geführt werden und ihr Leben so weit wie möglich in Schweigen und Klausur verbringen, kaum noch Nachwuchs. Allenfalls tageweise kommen Frauen in das großzügige barocke Gebäude mit seinen schönen Gewölben, langen Gängen und hohen Fenstern, um an einem Tag der Stille „geistlich aufzutanken". Am Abend mischen sie sich dann wieder unter die zahlreichen Touristen, die am Rennweg auf die Straßenbahn warten.

Von den jährlich rund 950.000 Besuchern des Belvedere kommen etliche jedoch mit dem Kloster in Berührung, ohne es zu wissen: Wenn sie den Tag bei einem Bier in dem Brauhaus neben dem Unteren Belvedere ausklingen lassen, sitzen sie an Tischen im ehemaligen Wirtschaftstrakt jenes Teils des Stifts, in dem einst Kaiserin Amalia Wilhelmina wohnte.

Schlösser

- **Theresianum,** Favoritenstraße 15, 1040 Wien, www.theresianum.ac.at (Schule/Internat, gelegentlich vom Magistratischen Bezirksamt für den 4. Bezirk organisierte Führungen)
- **Oberes Belvedere,** Prinz-Eugen-Str. 27 und **Unteres Belvedere,** Rennweg 6, 1030 Wien, www.belvedere.at (tägl. geöffnet, Park frei zugänglich)

Außerdem sehenswert:

- **Margaretenhof,** Margaretenplatz 4, 1050 Wien
- **Schlossquartier Margareten,** zw. Margaretenplatz, Schlossgasse, Hofgasse und Margaretenstraße
- **Carla** (Caritas-Zentrallager), Mittersteig 20, 1050 Wien
- **Abgebranntes Haus,** Große Neugasse 1, 1040 Wien
- **Kirche und Kloster der Salesianerinnen,** Rennweg 8–10, 1030 Wien

Rasten

- Diverse Lokale im **Schlossquadrat** zwischen Margaretenplatz, Margaretenstraße und Schlossgasse (www.schlossquadr.at)
- **Restaurant Tancredi,** Große Neugasse 5 (Eingang Rubensgasse 2), feine Küche, angenehmer Gastgarten (www.tancredi.at)
- **Café Wortner,** Wiedner Hauptstraße 55, Kaffeehaus mit schönem Gastgarten auf dem dreieckigen Vorplatz (www.wortner.at)
- **Restaurant Sperl,** Karolinengasse 13, Alt-Wiener Gasthaus, schattiger Innenhof mit Weinlauben (www.restaurant-sperl.at)
- **Salm-Bräu,** Rennweg 8, Brau-Gaststätte im ehem. Wirtschaftstrakt des Klosters der Salesianerinnen (www.salmbraeu.com)

Route

Art der Tour: Spaziergang (3,8 km)
Start: Pilgramgasse (U4)
Ziel: Unteres Belvedere (Straßenbahn 71)

Pilgramgasse, Margaretenhof ❶, Margaretenplatz ❷, Schlossquadrat ❸, Schloßgasse, links in den Mittersteig zum Carla ❹, Cissy-Kraner-Platz, Mostgasse, rechts durch den Rubenspark, links in die Rubensgasse, rechts in die Große Neugasse zum Abgebrannten Haus ❺, Wiedner Hauptstraße queren, links zum Engelbrunnen ❻ und dann rechts in die Mayerhofgasse, rechts in die Favoritenstraße, Theresianum ❼, links in die Theresianumgasse, rechts in die Argentinierstraße, St.-Elisabeth-Platz, links in die Karolinengasse, Prinz-Eugen-Straße queren, durch den Seiteneingang zum Oberen Belvedere ❽, durch den Barockgarten ❾ hinunter zum Unteren Belvedere ❿ mit Kammergarten ⓫ und Orangerie ⓬, Durchgang zum Rennweg, Kloster der Salesianerinnen ⓭

3 In Top-Wohnlage am Grünen Berg

Theresienbadpark I Springer-Schlössl I Marillenalm I Schönbrunner Schlosspark mit Gloriette, Botanischem Garten und Palmenhaus I Schloss Schönbrunn

Tour 3: Springer-Schlössl und Schloss Schönbrunn

Größer könnte der Gegensatz kaum sein: Auf der westlichen Seite der Grünbergstraße, im noblen 13. Gemeindebezirk Hietzing, liegt mit Schloss Schönbrunn eine der meistbesuchten Sehenswürdigkeiten Österreichs. Auf der östlichen Seite versteckt sich im nicht ganz so schicken 12. Bezirk Meidling ein Schlössl, nach dem sich kaum ein Tourist auf die Suche begibt. Bei aller Verschiedenartigkeit haben sie eines gemeinsam: Wo heute das Springer-Schlössl steht, residierte einst Baron Huegel, der unter Maria Theresia Oberstgartenmeister des großen Schönbrunner Schlossparks war und sich auf der anderen Seite der Grünbergstraße seinen privaten Park anlegte.

Für den Bau eines Schlösschens würde man heute wohl nicht ausgerechnet den dicht besiedelten Teil des 12. Bezirks auswählen. Der Weg von der U-Bahn-Station Meidling Hauptstraße zum ehemaligen Tivoli führt vorbei an Zinshäusern. An das ehemalige Eckbeisl „Zur Rose“ erinnert nur noch die Bierwerbung. Auf einem Plakat im Fenster eines mit Waschbetonplatten verkleideten Hauses in der Rotenmühlgasse lädt die Caritas Arbeitssuchende zur Jobmeile ein und auf zwei Schildern bieten die Suchthilfe Wien und der sozialökonomische Betrieb „fix und fertig“ ihre Dienste an.

An eine Zeit, in der der heutige Arbeiterbezirk ein nobler Villenort mit Heilbad war, erinnert der **Theresienbadpark:** Ein nahe gelegener barocker Jagdsitz, eines der vielen Maria-Theresien-Schlössl Wiens, gab den seit dem 18. Jahrhundert genutzten Meidlinger Quellen ihren Namen. Das 1910 erbaute Bad wurde zwar im Zweiten Weltkrieg zerstört, aber neu errichtet und 1956 als **Theresienbad** wiedereröffnet.

Als Meidling sozial gesehen noch näher bei Schönbrunn lag, ließ sich auch Gustav Freiherr von Springer dort nieder. Der Bankier hatte das Areal, das Maria Theresias Oberstgartenmeister Baron Huegel einst ganz nach seinem Geschmack bepflanzt hatte, nach dem Tod seiner Frau 1886 gekauft, damit seine Tochter am Grünberg mit seinem teils noch dichten Baumbestand aufwachsen konnte. In der Folge fand auch die Kultur eine Heimat im **Springer-Schlössl:** Künstler wie der Regisseur Max Reinhardt und der Schriftsteller William Somerset Maugham sollen dort zu Gast gewesen sein.

Mit ihren zahlreichen Giebeln, den Erkern und den Balkonen, die von steiner-

Springer-Schlössl

Stiegenhaus im Springer-Schlössl

nen Balustraden oder schmiedeeisernen Geländern gesäumt werden, bilden die Häuser an der Ecke Zenogasse eine Art Begrüßungskomitee für das gegenüberliegende Schlössl in seinem altdeutschen Stil. Nachdem man durch die Einfahrt getreten ist, präsentiert die am Hang liegende Villa, die die Architekten Ferdinand Fellner und Hermann Helmer entworfen haben, ihre schönste Seite. Hinter einem Fontänenbecken breitet sich eine Terrasse aus, deren Balustrade mit schmiedeeisernen Rosetten und Laternen dekoriert ist. Eine Freitreppe führt hinauf zu dem 1890 fertiggestellten Schlössl mit einem großen und einem kleinen Balkon im ersten Stock und einem mächtigen Giebel im zweiten Stock. Ein ebenfalls von einem aufwendigen Dach behüteter Turm, der schräg an der nordöstlichen Ecke steht, leitet zur seitlichen Fassade über, wo sich der steinerne Kopf einer Frau – Bankierstochter Marie Freiin von Springer? – aus der Wand über einem Fenster neigt.

So gefällig das Springer-Schlössl äußerlich ist, so abweisend wirkt die Halle: Dunkelbraun ist das Holz, aus dem Wandverkleidungen, Stiege und Galerie im Stil des Neobarock und der Neorenaissance geschnitzt sind. Obwohl die freischwebende Treppe anmutig geschwungen ist und das Tageslicht durch milchige Oberlichten unter einer gläsernen Kuppel in die Halle sickert, erstickt das fast schwarze Holz jeden Anflug von Leichtigkeit.

Steigt man jedoch über die laut knarrenden Stufen hinauf in den ersten Stock und von dort weiter ins Dachgeschoss, scheint das Schlössl über den alten Bäumen des Parks zu schweben. Wenn die

Blätter gefallen sind, reicht die Aussicht über die Stadt bis zum Wienerwald und vom Balkon oben im nördlichen Giebel sogar bis zu jenem großen Schloss, dessen Park Baron Huegel als Oberstgartenmeister Maria Theresias ebenfalls angelegt hat: Schönbrunn.

Hinter den Fenstern und Türen des Springer-Schlössls sind heute Büros, im Erdgeschoss auch vier Seminarräume der Politischen Akademie der ÖVP untergebracht. Die Halle wird gern für Konzerte genutzt, aber auch eine Szene aus Joseph Vilsmaiers Film „Comedian Harmonists" spielt hier im fiktiven Haus des Gauleiters Julius Streicher, der das Sextett um ein privates Konzert gebeten hat. Der von Rolf Hoppe gespielte Hausherr begrüßt seine Gäste vom Absatz der Stiege und wünscht sich ausgerechnet das deutsche Volkslied „In einem kühlen Grunde". Doch ein Sänger bricht mitten im Lied ab, ist doch auch sein „Liebchen" gerade verschwunden, und zwar in den Armen der Bassstimme Bob. In dessen Rolle versucht Ben Becker zu vermitteln, doch die Szene endet mit einem Eklat und der enttäuschte Verehrer mit der Hakenkreuzbinde geht über dieselbe Stiege ab, die ihm schon den perfekten Auftritt geboten hat und deren Stufen nun unter den schweren Stiefeln unheilvoll knarzen.

In der Realität lehnte Marie Wooster-Springer die Pacht des Anwesens durch den Gau Wien ab. Nach der Kriegserklärung Großbritanniens 1939 beschlagnahmten die Nationalsozialisten die Villa, die wegen Marie Wooster-Springers schottischem Ehemann als britisches Eigentum galt. Durch Bombentreffer wurden Gebäude und Park im Zweiten Weltkrieg schwer beschädigt. Im einzigen heute noch erhaltenen Nebengebäude ist hinter Fachwerkmauern die Julius-Raab-Stiftung untergebracht, während das Seminarhotel südlich des Schlössls Mitte der 1970er-Jahre dazugebaut wurde.

Zwischen hohen Schwarzkiefern, die ebenso in den Rang von Naturdenkmälern aufgestiegen sind wie eine Ahornblättrige Platane und ein Amerikanischer Zürgelbaum, geht man zurück zur Tivoligasse und steht nach wenigen Schritten wieder in einem Park, allerdings in einem der etwas anderen Art: Im 19. Jahrhundert befand sich unmittelbar neben dem heutigen Springer-Schlössl ein Vergnügungspark mit Rutschbahnen, wie sie kurz zuvor in Russland erfunden worden waren. Seinen Namen bekam dieser Spielplatz für Erwachsene nach dem für seine Gartenanlagen berühmten Ort **Tivoli** östlich von Rom. Nachdem zwei Berliner Unternehmer das Grundstück 1829 erworben hatten, ließen sie dort ein Vergnügungsetablissement für die oberen Schichten bauen. Die Restaurants und Tanzlokale, in denen auch das Orchester von Johann Strauß Vater spielte, waren durch eine Aussichtsterrasse verbunden. Im darunter liegenden Garten begannen die vier Gleise der Rutschbahn, die man in zweisitzigen Wagen hinuntersausen konnte.

Nach vielen Veränderungen – zwischenzeitlich gab es am Grünberg eine Meierei und eine Jausenstation, später den Meidlinger Prater – wurde das Tivoli 1967 endgültig geschlossen. Heute erinnert noch das Schild am Spielplatz **Marillenalm** an die Geschichte des Geländes,

Gloriette

auf dem früher zahlreiche Marillenbäume standen und das seit 1979 wiederum ein Park mit einer Rutschbahn ist, auf der sich nun allerdings Kinder vergnügen.
Hinter einer Lärmschutzwand führt der Weg von der Marillenalm bergan bis zur Hohenbergstraße. Während am östlichen Horizont Hochhäuser aufragen, duckt sich am westlichen Horizont die **Gloriette** am Fluchtpunkt der hohen Hecken, die die Allee säumen. Wenn man durch das **Maria-Theresien-Tor,** das mitsamt der Brücke über die Grünbergstraße von zwei Sphingen bewacht wird, auf das 1775 errichtete Bauwerk zugeht, erscheint es kompakt wie ein Schloss. Erst nachdem man die Allee verlassen hat, zeigt sich die wahre Gestalt des Triumphbogens, von dem aus man die schönste Aussicht auf das am Fuß des Schönbrunner Bergs liegende Schloss genießt. Und umgekehrt: Wie majestätisch und luftig zugleich die Gloriette mit ihren offenen Säulenkolonnaden auf der Hügelkuppe thront, ist später am besten vom Schloss aus zu sehen.
Nicht nur mit der Gloriette, sondern auch mit den Skulpturen, dem Neptunbrunnen, der Römischen Ruine und dem Obelisken hinterließ Maria Theresia ihre Spuren im Garten, für dessen Gestaltung eigentlich ihr Mann, Kaiser Franz I. Stephan von Lothringen (1708–1765), zuständig gewesen war. Doch nachdem er gestorben war und ihr Sohn Joseph II. Schönbrunn wenig abgewinnen konnte, ließ eben Maria Theresia den Park mit Monumenten, Helden und Göttern der Antike bevölkern, die die Herrschertugenden der Habsburger symbolisieren sollten. Zu ihnen gehörte offenbar zumindest zeitweise auch Sparsamkeit:

Palmenhaus

Nachdem Maria Theresia entschieden hatte, das Renaissanceschloss Neugebäude dem Militär zu übergeben, ließ sie einige der dort abgetragenen Säulen und Bogenelemente für die Gloriette wiederverwenden (➤ Tour 9).

Für den historischen Kern des **Tiergartens,** den man auf dem Weg von der Gloriette zum Schloss umrundet, zeichnete allerdings wieder Franz I. Stephan verantwortlich. 1752 besuchte er erstmals die fast fertiggestellte Menagerie. Vom wenige Jahre später vollendeten Kaiserpavillon im Zentrum genoss der Hausherr den besten Blick auf die kreisförmig angeordneten Käfige. Zu sehen bekam er nicht nur lebende, sondern auch ausgestopfte Tiere – das Bemühen, möglichst viele verschiedene Arten zu zeigen, mündete in einen Kompromiss zwischen Zoo und Naturkundemuseum.

In dem kleinen Waldstück, das man oberhalb des Tiergartens durchquert, begegnen einem außer neugierigen Eichhörnchen und Joggern nicht viele andere Lebewesen. Dieselbe Ruhe herrscht im **Botanischen Garten** westlich des Tiergartens. Nachdem man den Schönbrunner Berg vorbei an Pflanzen mit so schönen Namen wie Etagen-Liguster, Maiblumenstrauch und Schleimbeere wieder hinunterspaziert ist, findet man sich jedoch unversehens in einem der belebtesten Teile des Schlossparks wieder. Zwischen dem Haupteingang des Zoos und dem Hietzinger Tor sind viele Arten von Zweibeinern unterwegs, große, kleine, dünne, dicke, erwartungsfrohe und erschöpfte. Kaum einer beachtet das Denkmal im Schatten eines großen Baumes: Von seinem Platz am Wegesrand blickt Franz I. Stephan dorthin, wo sich ursprünglich sein von berühmten holländischen Botanikern angelegter Holländergarten befand. 1882 ließ einer von Franz Stephans Nachfolgern, Kaiser Franz Joseph I., dort das **Palmenhaus** errichten.

Sehenswerte Pflanzen bietet auch der wenige Meter östlich des Glashauses gelegene **Rosengarten.** An Juniabenden liegt eine traumwandlerische Stimmung über dem Rosarium, das vom Hauptweg in zwei strenge Halbkreise zerschnitten wird. Jeder einzelnen Blüte, ob leuchtend gelb, zart weiß, flammend orange oder tiefrot, scheint in der Dämmerung ein eigener Zauber innezuwohnen. Auf der Suche nach einer Antwort auf die Frage, welche Rose wohl die schönste ist und welche am meisten mit ihrem Duft betört, kann man leicht alles andere um sich herum vergessen.

Dabei ist auch das nur wenige Schritte entfernte **Najadenbassin** ein verwunschener Ort, wenn die meisten Touristen den Schlosspark mit dem Gasthaus vertauscht haben und sich Schloss, Hecken und vom Sonnenuntergang gerötete Wolken im glatten Wasser des Beckens spiegeln. Zwischen Inseln aus Seerosen erheben sich seit 1772 die feuchten Leiber einer Najade, also einer Quellnymphe, und eines Puttos, der mit einem Fisch spielt. Nur fast identisch ist das Najadenbassin auf der östlichen Seite des **Großen Parterres:** Dort beugt sich die Nymphe schützend über ihren kleinen Begleiter, der keinen Fisch, sondern einen Schwan als Spielgefährten auserkoren hat.

Verlässt man Najade, Putto und Fisch und geht durch die Diagonalallee auf das Schloss zu, liegt vorher auf der linken Seite mit dem **Fischbassin** noch eine romantische Insel, die im Unterschied zu den Najadenbassins mit ihren jeweils vier Blickachsen vollkommen von Hecken abgeschirmt wird. Im Halbdunkel unter den Bäumen flüstert ein Liebespaar miteinander, während gut genährte Goldfische Runde um Runde durch das Becken drehen. In der Mitte balgen sich zwei Putti auf dem Rücken eines steinernen Fisches, der noch etwas größer ist als das dickste der lebenden Exemplare, die ihn umkreisen.

Tritt man aus diesem Separee hinaus auf die **Lichte Allee,** müssen sich die Augen erst an die Helligkeit gewöhnen. Bevor man auf der gegenüberliegenden Seite in die nächste kleine Gartenwohnung eintaucht, kann man nach ein paar Schritten nach rechts vom Rand des Großen Parterres den Blick zurück zur Gloriette genießen. Statt der ursprünglich geplanten Wasserkaskaden, für die die Brunnen zu wenig hergaben, akzentuieren Zickzackwege den Hang. Umso prächtiger ist der Neptunbrunnen am Übergang zur Ebene ausgefallen, für die Maria Theresias favorisierter Bildhauer Johann Wilhelm Beyer (1725–1796) eine der Schlüsselszenen aus Vergils „Aeneis" verewigt hat: Die Nymphe Thetis kniet vor dem Meeresgott Neptun, um ihn für Aeneas um eine ruhige Überfahrt von Troja nach Italien zu bitten. Die entlang des Großen Parterres aufgereihten Statuen verbinden den **Neptunbrunnen** auch im übertragenen Sinn mit dem Schloss, indem sie die Tugenden der dargestellten Helden auf die Habsburger projizieren sollen.

Blick über das Najadenbassin zum Schloss

Durch den **Hietzinger Kammergarten,** der auch nach der Öffnung des Schlossparks um 1779 noch bis zum Ende des Ersten Weltkriegs der kaiserlichen Familie vorbehalten war, gelangt man zur **Hietzinger Fahrstraße.** Welche Kutschen einst dort entlangfuhren, ist in der **Wagenburg** schräg gegenüber zu sehen. Ein Abstecher lohnt nicht nur für Sisi-Fans, denn der Fuhrpark des kaiserlichen Hofes war vielfältig und umfasste auch detailgetreue Spielzeugkutschen für den kaiserlichen Nachwuchs und teuren Schmuck für die Pferde, die mit ihren PS dem Hof zur Verfügung standen, bis sie von den Automobilen verdrängt wurden. Der vergoldete Prunkwagen steht in der Nähe des unauffälligen, aber schicken Coupés, mit dem Kaiserin Elisabeth gern durch die Weltgeschichte reiste. Und dazwischen immer wieder Kleider, Sättel, Bilder von Sisi oder besser gesagt ihren Pferden, denn die verwegene Reiterin pflegte ihr Gesicht im fortgeschrittenen Alter hinter einem Fächer zu verbergen, ihre Pferde aber umso detaillierter porträtieren zu lassen.

Am Ende ihres Lebens und zugleich am Ende der Ausstellung steht die pechschwarze Trauerkarosse, mit der der Sarg der am Genfer See ermordeten Kaiserin am 15. September 1898 vom Westbahnhof zur Hofburg und zwei Tage darauf zur Kapuzinergruft überstellt wurde. Acht Rappen zogen die 1875 in Auftrag gegebene, historisierende Kutsche, die mit ihrem überladenen Dekor auf unheilvolle Weise Elisabeths Prunkbett in der Hermesvilla ähnelt (➤ Tour 5).

Wie Elisabeth lebte, wenn sie gerade einmal nicht unterwegs war, kann man bei einem Gang durch die **Prunkräume des Schlosses** sehen, auch wenn wenig Gelegenheit bleibt, die viel besuchten Appartements auf sich wirken zu lassen. Unablässig drängen Menschen, die längst aus der Rolle von Untertanen befreit sind, durch Schreib-, Schlaf- und sonstige Zimmer, durch Kabinette und Salons und natürlich auch die Kleine und Große Galerie zwischen West- und Ostflügel. Wurden Besucher einst als Audienznehmer nur bis zum **Nussholzzimmer** vorgelassen, wo sich Franz Joseph I. zwischen Wänden, die bereits in der Zeit Maria Theresias mit kostbarem Nussholz verkleidet worden waren, ihre Bitten anhörte, können sie heute bis zum (Sterbe)Bett des Kaisers vordringen. Sein Ofenschirm ist mit jenen Heiligenbildchen tapeziert, die ihm seine „liebe Freundin" Katharina von Schratt aus Wallfahrtsorten mitbrachte. Ihnen gegenüber wirken des Kaisers Bürsten, sein Rasiermesser und seine Bartbinde fast wie offizielle Insignien.

Viele der kostbar ausgestatteten Räume sind überraschend klein, nicht nur weil sich so viele Menschen in ihnen drängen oder weil sie wie das **Vieux-Laque-Zimmer** nach dem Tod von Franz I. Stephan von oben bis unten mit schwarzen Lacktafeln aus Peking ausgekleidet wurden (➤ Tour 7). Spätestens das **Porzellanzimmer** räumt mit der Vorstellung auf, dass die Prunkräume eines Schlosses weitläufig sein müssen. Maria Theresia nutzte das winzige Zimmer sogar doppelt als Arbeits- und Spielzimmer.

Erwartungen in Bezug auf Größe und Pracht erfüllt das einzig erhaltene Prunkbett des Wiener Hofs, das zur Zeit der Vermählung Maria Theresias angefertigt wurde. Wer mit besichtigungsmüden Beinen im **Reichen Zimmer** angekommen ist und in Versuchung kommt, diesen Traum von einer Schlafstatt zu erklimmen, um sich auf dem roten, mit kostbarster Gold-Silber-Stickerei verzierten Samt auszustrecken, wird durch einen Glastunnel an jeglicher Annäherung gehindert. Dank der Abschirmung herrscht in dem einstigen Schlafzimmer von Franz Karl und Sophie, die hier auch Franz Joseph zur Welt brachte, das perfekte Klima für das restaurierte Prunkbett.

Apropos Klima: Wenn es im Sommer im noblen ersten Stock des Schlosses zu schwül wurde, wich Maria Theresia gern nach unten ins Erdgeschoss aus, wo Johann Wenzel Bergl mit seinen Wandmalereien Frische verheißende Gärten ins Innere des Gebäudes gezaubert hatte (➤ Touren 4 und 5). Von 1769 bis 1778 bedeckte er die mit Leinwand bespannten Wände, Decken und Türen von rund einem Dutzend Sommerzimmer mit fremdartiger Flora und Fauna. Im **Goëss-Appartement,** benannt nach Kaiserin Elisabeths Obersthofmeisterin Marie Goëss, wachsen in den Ecken Palmen empor, während auf den Wänden exotische Früchte Stillleben bilden und Pfauen ihren Federschmuck präsentieren. Im Hintergrund erstrecken sich ähnlich wie draußen vor den Fenstern barocke Gartenanlagen.

Einerseits wuchert die Natur in den Räumen scheinbar wild über Spiegel und sogar bis zu einem Ofen, um ihn in einen von Eichhörnchen, Schlangen, Vögeln und Würmern bevölkerten Baumstamm zu verwandeln. Andererseits wird sie durch Balustraden, Laubengänge und Rokokovasen in eine gemalte Architektur eingegliedert. Der Mensch ist nirgendwo zu sehen, macht aber zunehmend seinen Einfluss geltend: Im letzten Raum des Appartements steht man scheinbar inmitten eines Gartenpavillons und blickt durch dessen hölzernes Gerüst hinaus in eine wohlgeordnete Natur.

In den Prunkräumen

Auch im **Kronprinzenappartement** im Ostflügel, in dem Franz Josephs einziger Sohn Rudolf (*1858) bis zu seinem Selbstmord 1889 wohnte, ist die Landschaft an den Wänden so menschenleer, als ob Adam und Eva gerade aus dem Garten Eden vertrieben worden wären. Tatsächlich sind im letzten der vier Bergl-Zimmer dann doch noch zwei Menschen zu entdecken: Auf der Tür, durch die man die Zimmer verlässt, überqueren die winzigen Gestalten eine Bogenbrücke.

Rudolf selbst konnte vom illusionierten direkt in den wirklichen Garten hinaustreten: Vor seinem Appartement liegt der **Meidlinger Kammergarten,** auf

Brunnen von Schloss Neugebäude vor der Orangerie

dessen Muster aus vier von Rabatten eingefassten Parterrefeldern man vielleicht schon von den Prunkräumen im ersten Stock einen Blick werfen konnte. Begrenzt wird dieser Garten auf der nördlichen Seite von der **Meidlinger Fahrstraße,** wo sich auch der Blick hinüber zur **Orangerie** lohnt, die mit fast 200 Metern Länge nach Versailles als der größte barocke Bau dieser Art gilt. Bemerkenswertes steht auch draußen vor diesem Winterquartier für kostbare Orangen und Pomeranzen: An einem Kreuzungspunkt der Wege ist ein Brunnen aufgestellt, der ebenso wie einige Säulen und Bogenelemente der Gloriette von Schloss Neugebäude hierher umgesiedelt wurde (➤ Tour 9). Die Schalen auf mehreren Ebenen mit kunstvollem Figurenschmuck bilden den aufwendigsten jener Brunnen, die der Bildhauer Alexander Colin bereits um 1575/80 geschaffen hat.

Noch versteckter liegt jener Brunnen, der dem Schloss seinen Namen gab. Um den **Schönen Brunnen** in seiner Ecke eines Heckengangs zu finden, geht man zwischen Kronprinzen- und Reservegarten zur Lichten Allee und geradeaus weiter am ostseitigen **Najadenbassin** vorbei bis kurz vor die **Römische Ruine.** Links hinter den Hecken stößt man dann auf das Brunnenhaus, das eine künstliche Grotte für das vom Hof so geschätzte Quellwasser bildet. Aus der Vase, an der die anmutige Nymphe Egeria wie hingegossen lehnt, fließt das Wasser jener Quelle, die Kaiser Matthias (1557–1619) einst auf einer Jagd im Wald entdeckt haben soll und aufgrund ihrer Qualität sogleich in einen Brunnen fassen ließ. Ein gekröntes M auf einer Steinplatte, die in einer Wand eingelassen ist, erinnert auch noch in diesem zweiten Brunnenhaus aus dem Jahr 1771 an den Entdecker der Quelle und die Ursprünge der kaiserlichen Residenz.

Ein vergittertes Fenster und die gleichermaßen versperrte Rundbogentür zeigen Egeria die Welt vor dem Brunnenhaus lediglich in Ausschnitten, aber schließlich lebte diese Najade ja auch für immer in einer Quelle von Rom, selbst dann noch, als sie sich in den Nachfolger des Staatsgründers Romulus, Pompilius, verliebt hatte. Vielleicht flüstert die tagsüber so in sich gekehrt wirkende Nymphe ja nachts, wenn der Schlosspark von den Menschen verlassen ist, mit der Fruchtbarkeitsgöttin Rhea Kybele, deren Statue direkt gegenüber vom Eingang des Brunnenhauses steht? Oder versucht sie, dem römischen Konsul Cincinnatus, der ein paar Meter nordöstlich mit versteinerter Miene seine Sandale schnürt, ein Lächeln abzuringen? Möglicherweise hofft sie dabei auf die Unterstützung der kleinen Putten, die auf der Muschel des **Engelsbrunnens** im Zentrum des Heckengartens sitzen. Doch die haben nur Augen für das Wasser, das der Fisch in ihrer Mitte in die Brunnenschale speit. Bliebe als Ansprechpartnerin für Egeria noch Eurydike, die schöne Ehefrau des Sängers Orpheus, aber auch sie scheint gerade nicht in Stimmung zum Plaudern zu sein. Der Legende nach starb sie, als sie auf der Flucht vor einem Vergewaltiger auf eine Schlange trat, und tatsächlich schlingt sich gerade ein Reptil um den linken Knöchel der Statue, die sich voller Angst zu ihrem unsichtbaren Peiniger umwendet. Eine alles andere als angenehme Lage also, in der die steinerne Nymphe nach einem Entwurf Wilhelm Beyers schon seit rund 200 Jahren verharren muss.

Ihre Betrachter dagegen können jederzeit weitergehen, um nach der Gloriette und dem Kaiserpavillon im Tiergarten den dritten wichtigen Blickpunkt im Park kennenzulernen: Der **Obeliskbrunnen** bildet den optischen Abschluss der von der Schlossterrasse Richtung Südosten ausgehenden Diagonalallee. So vielgestaltig er mit dem klobigen, zerklüfteten Grottenberg, dem sorgfältig behauenen, schlanken Obelisken und den zahlreichen Tier- und Flussgötterskulpturen auch ist, ist seine Botschaft doch eindeutig: Er transportiert den Anspruch der Habsburger auf die segensreiche, unumstößliche, ewige Herrschaft in der Nachfolge der römischen Kaiser.

Obeliskbrunnen

Wenn man vom Obelisken, der den Weg der Sonnenstrahlen zur Erde und die Stabilität der Herrschaft verkörpert, zurück zum Schloss blickt, in dem Karl I. am 11. November 1918 auf jeden Anteil an den Staatgeschäften verzichtete und damit in der dunkelsten Stunde des Hauses Habsburgs zum letzten Kaiser von Österreich wurde, schrumpft der Abstand zwischen Anspruch und Wirklichkeit auf wenige Meter zusammen. Nicht viel länger ist der Weg vom Obeliskbrunnen zum **Meidlinger Tor,** durch das man aus dem geometrischen Garten, der die gottgewollte Ordnung des Kosmos darstellen sollte, in die Stadt hinaustritt, die ihm mit ihren Hauptverkehrsadern Schönbrunner Schloßstraße und Grünbergstraße die menschengewollte Ordnung entgegenzuhalten scheint.

Schlösser

- **Springer-Schlössl,** Tivoligasse 73, 1120 Wien, www.springer-schloessl.at (Hotel; Park zugänglich, ebenso nach Anmeldung bei der Rezeption die Halle mit dem neobarocken Stiegenhaus)
- **Schönbrunn,** Schönbrunner Schloßstraße 47, 1130 Wien, www.schoenbrunn.at (tägl. geöffnet, Park mit Ausnahme des Meidlinger Kammergartens frei zugänglich, Prunkräume des Schlosses und Wagenburg zu besichtigen, Bergl-Zimmer nach Anmeldung für Gruppen zugänglich)

Außerdem sehenswert:

- **Theresienbadpark** zwischen Hufelandgasse und Ruckergasse, 1120 Wien
- **Marillenalm,** ehem. Tivoli zwischen Tivoligasse, Hohenberggasse und Grünbergstraße, 1120 Wien

Rasten

- **Ristorante Ponte di Rialto,** Tivoligasse 44, Gastgarten im Innenhof (www. ponte-di-rialto.at)
- **Altwiener Würstelstand,** Hohenbergstraße 23
- **Café Gloriette,** Schlosspark, Kaffeehaus im ehem. kaiserlichen Frühstückszimmer, prächtiger Blick aufs Schloss (www.gloriette-cafe.at)
- **Gasthaus Tirolergarten,** im Schlosspark am oberen Eingang zum Tiergarten, deftige Jausen, Suppen und Fleischgerichte (www.gasthaustirolergarten.at)
- **Café Restaurant Residenz,** Schloss/Kavalierstrakt, Kaiserschmarrn und andere Lieblingsspeisen der Habsburger, Mehlspeisen aus dem Familienbetrieb (www.cafe-residenz.at)
- **Schönbrunner Stöckl,** Schlosspark/Meidlinger Tor, böhmische Schmankerln wie Svíčková, Liwanzen und Powidltatschkerln (www.schoenbrunnerstoeckl.com)

Route

Art der Tour: Spaziergang (7,1 km)
Start: Meidling Hauptstraße (U4, Bus 9A, 10A, 15A, 63A)
Ziel: Schönbrunn (U4, Bus 10A)

Schönbrunner Straße queren, Theresienbadgasse, halbrechts in den Theresienbadpark ❶ und rechts am Bad vorbei, Ruckergasse queren, Rosasgasse, links in die Rotenmühlgasse, rechts in die Tivoligasse, bei Nummer 73 Abstecher nach links zum Springer-Schlössl ❷, zurück zur Tivoligasse, kurz vor der Grünbergstraße scharf links durch das Tor zum Spielplatz Marillenalm ❸,

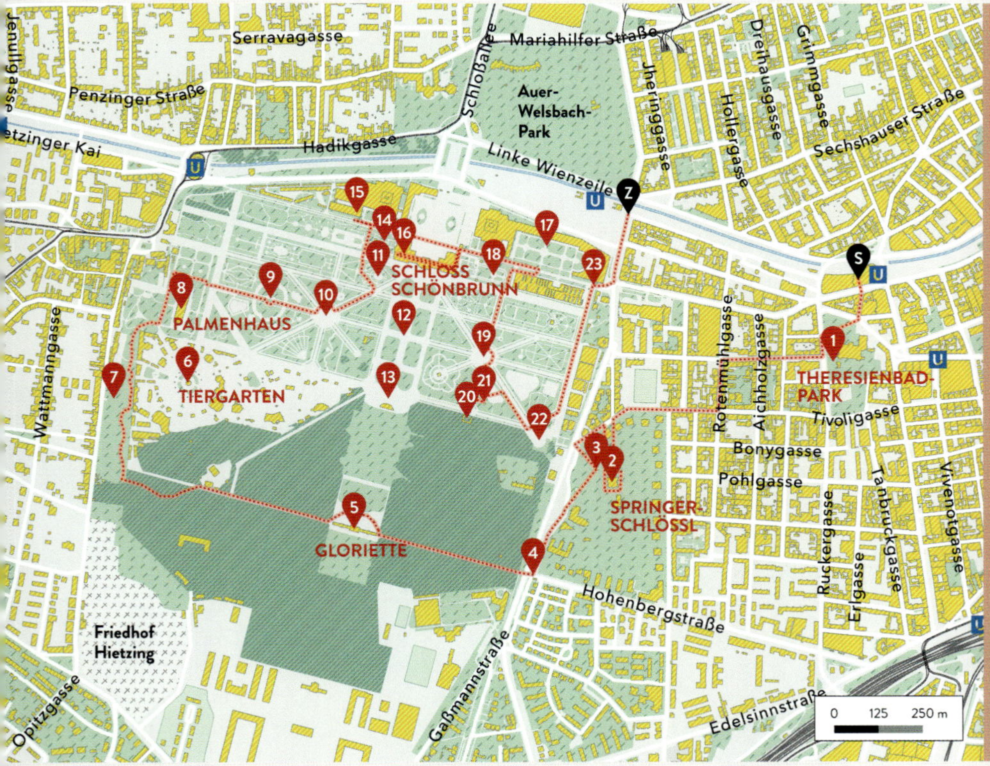

durch den oberen Ausgang zum Steinweisweg, hinauf zur Hohenbergstraße, rechts über die Brücke und durch das Maria-Theresien-Tor ❹ in den Schlosspark Schönbrunn, geradeaus zur Gloriette ❺ und weiter zum Tiergarten ❻, oberhalb vorbei und dahinter rechts hinunter zum Botanischen Garten ❼, hinter dem Palmenhaus ❽ rechts zum Rosengarten ❾, Najadenbassin ❿, Tiergartenallee, Fischbassin ⓫, Lichte Allee, rechts zum Großen Parterre ⓬ mit Neptunbrunnen ⓭, durch den Hietzinger Kammergarten ⓮ zur Hietzinger Fahrstraße, links Abstecher zur Wagenburg ⓯, durch den Ehrenhof zum Schloss ⓰, Meidlinger Fahrstraße, Orangerie ⓱, östlich des Meidlinger Kammergartens ⓲ in den Schlosspark, Najadenbassin ⓳, Ruinenallee ⓴, links zum Schönen Brunnen ㉑, durch die Obeliskallee zum Obeliskbrunnen ㉒, am östlichen Parkrand hinunter zum Ausgang Meidlinger Tor ㉓, links in die Grünbergstraße, Schönbrunner Straße queren und geradeaus zur U-Bahn- bzw. Bushaltestelle

4 Vom wilden Wienfluss zum einzigen Wasserschloss Wiens

Miller-von-Aichholz-Schlössl | Villa Windisch-Graetz | Schloss Laudon

Tour 4: Miller-von-Aichholz-Schlössl, Villa Windisch-Graetz und Schloss Laudon

Nördlich des einst wilden, später regulierten und nun wieder sanft renaturierten Wienflusses verläuft dieser Spaziergang im Westen der Stadt. In Hütteldorf liegt das ehemalige Jagdschloss Esterházy, heute Miller-von-Aichholz-Schlössl, das wie die Villa Windisch-Graetz gegenüber als Unterkunft für adelige Jagdgesellschaften diente. Später zog eine Enkelin von Kaiser Franz Joseph I. in die Villa ein, die sich eher den Arbeitern als dem Adel zugehörig fühlte. Vorbei an der letzten Ruhestätte der „roten Erzherzogin" auf dem Hütteldorfer Friedhof und den mitten im Wald gelegenen Gräbern der Fürsten von Laudon führt der Weg zum einzigen Wasserschloss Wiens, in dessen Forsthaus 1896 der Schriftsteller Heimito von Doderer geboren wurde. Damit schließt sich der Kreis zum Wienfluss, mit dessen Regulierung Doderers Vater beauftragt war.

Am **Bahnhof Hütteldorf** fragen Ortsfremde nicht selten nach dem Weg zur U-Bahn, nicht ahnend, dass sie nur wenige Meter entfernt von ihr stehen: Seit dem Ende des 19. Jahrhunderts nimmt der Bahnhof auch die Endstation der Stadtbahn in sich auf, deren Strecke heute die U4 nutzt. Jugendstilarchitekt Otto Wagner, um die Jahrhundertwende in Hütteldorf daheim, entwarf die beiden Stationsgebäude, durch die der Strom der Fahrgäste noch heute fließt.

Das Bier fließt dagegen nicht mehr in Hütteldorf, zumindest keines, das vor Ort gebraut wurde. Dort, wo heute in der Bergmillergasse 7 ein großer Supermarkt fast alle erdenklichen Lebensmittel verkauft, stand seit 1599 eine große Brauerei, die mit der Eröffnung der Westbahn 1858 Hütteldorfs Aufstieg zum Ausflugsort beförderte.

Eher für die zwischen Rosen- und Halterbach ansässigen Menschen war die Kirche bestimmt, die einst in der Bergmillergasse 3 stand. Die ursprüngliche romanische Kapelle war dem heiligen Andreas geweiht, weil sein Bild der Legende nach bei einem Hochwasser vom nicht weit entfernten Wienfluss hier angespült wurde. Heute ist der Wienfluss gezähmt und an Stelle der Kirche steht ein nüchternes Geschäftshaus, in dem Immobilien angepriesen werden. Die Kirche dagegen war mobil und hat sich samt Kruzifix und zwei Gräbern vom Schwung der Gründerzeit 1882 ein paar Meter weiter Richtung Nordwesten versetzen lassen. Eines der Gräber befindet sich an der Westseite der Kirche, wohin sich außer den Kindern und

Miller-von-Aichholz-Schlössl von der Gartenseite aus gesehen

Eltern, die die **Hütteldorfer Pfarrkirche** beim Laternenumzug des Pfarrkindergartens umrunden, kaum jemand verirrt. Die „durchlauchtigste Frau Leopoldine von und zu Liechtenstein geb. Reichsgräfin von Sternberg“ hat dort ihre letzte Ruhestätte gefunden.

Dass die Gräfin in Hütteldorf und nicht in der Liechtensteinischen Gruft in Wranau beigesetzt wurde, liegt am Schloss, das heute unter dem Namen **Miller-von-Aichholz-Schlössl** bekannt ist und nach wenigen Gehminuten Richtung Westen auf der anderen Seite der Linzer Straße auftaucht. 1781 verwitwet, beschloss Leopoldine, ihren Lebensabend dort bei ihrer jüngsten Tochter Marie Josephine zu verbringen, die einen Fürsten aus dem Hause Esterházy geheiratet hatte. Den Esterházys gehörte das Jagdschloss bis 1894.

Erbaut worden war es jedoch ursprünglich für einen Mann, der sich vom einfachen Fuhrmann zum Heereslieferanten und General-Feldwachtmeister hochgearbeitet und das Anwesen für seine Verdienste von Maria Theresia geschenkt bekommen hatte: Johann Georg von Grechtler. Er beauftragte mit Johann Bernhard Fischer von Erlach einen der Stararchitekten des Barock mit der Bebauung. Das lang gestreckte, zweigeschossige Schloss wirkt im Erdgeschoss durch das Kreuzgratgewölbe etwas gedrungen, ist im ersten Stock durch große Prunkräume Richtung Süden aber umso heller. Im Großen Saal an der Freitreppe begrüßen Kaiser Franz Joseph I. und Kaiserin Elisabeth von hohen Ölgemälden die Besucher. Angrenzende Räume sind mit Bildern und Büsten Feldmarschall Radetzky oder Kaiser Napoleon gewidmet.

Ende des 19. Jahrhunderts bauten sich

Wappen am Eingangstor

zahlreiche Industriellenfamilien wie Familie Bujatti Villen in Hütteldorf, andere wie Heinrich von Miller zu Aichholz kauften vorhandene Anwesen. Im Zuge der Weltwirtschaftskrise musste der neue Besitzer das nunmehrige Miller-von-Aichholz-Schlössl jedoch wieder verkaufen. Während des Nationalsozialismus wurde es Erholungsstätte für Beamte, nach dem Zweiten Weltkrieg nutzten es der französische Hochkommissar und die Österreichische Jungarbeiterbewegung.

Diese jüngere Vergangenheit hat scheinbar keine Spuren im Schloss hinterlassen. Von den Wänden in der Beletage blicken Kaiser, Fürstinnen und Grafen, die vor Jahrhunderten Geschichte geschrieben haben, in die Spiegel zwischen den Fenstern oder hinaus in den Park, in dem etliche der alten Bäume schon ebenso lang zu stehen scheinen wie das Schloss selbst.

Schräg gegenüber auf der anderen Seite der Linzer Straße ist noch ein weiteres, wenn auch kleineres Jagdschlösschen erhalten geblieben. Erbaut im ersten Viertel des 19. Jahrhundert, bot die **Villa Windisch-Graetz** Jagdgesellschaften einen komfortablen Aufenthaltsort. An heißen Sommertagen konnten die hölzernen Läden an den Innenseiten der Fenster aus ihren Nischen in den Seitenwänden geholt und zugeklappt werden. Ebenso erhalten sind die mit Lorbeerkränzen verzierten Fenstergitter, einige der Luster und der prächtige Stuck an den Zimmerdecken, dessen Gestaltung Hinweise auf die frühere Nutzung der Räume gibt. So erinnern Lauten an das ehemalige Musikzimmer.

Während Gäste früher über die Freitreppe hinten im Garten direkt in den repräsentativen ersten Stock gelangten, betritt man das Haus heute durch den Seiteneingang. Am Fuß der inneren Stiege erinnern Stellwände mit Schwarz-Weiß-Fotos an die frühere Besitzerin, Erzherzogin Elisabeth Marie. 1883 im Blauen Hof von Laxenburg geboren (➤ Tour 11), bekam die Enkeltochter von Kaiser Franz Joseph I. und Kaiserin Sisi schon früh die Bruchstellen der Monarchie zu spüren. Fünf Jahre war sie alt, als sich ihr Vater, Kronprinz Rudolf, mit seiner Geliebten Mary Vetsera im Jagdschloss Mayerling das Leben nahm; 18 Jahre, als sie gegen den Willen ihres Großvaters heiratete: Franz Joseph hätte sich den deutschen Kronprinzen Wilhelm als Ehemann für seine Enkelin gewünscht, doch deren Herz schlug für Prinz Otto zu Windisch-Graetz. Um ihn heiraten zu können, war sie auch bereit, aus dem Haus Habsburg-Lothringen auszuscheiden. Ihrem Willen gefolgt zu sein mag Elisabeth Marie später oft bereut haben, denn ihr Mann war untreu und die Ehe unglücklich. Doch mit ihrem Wunsch nach Scheidung stieß Elisabeth beim Kaiser 1915 ebenso auf Ablehnung wie 13 Jahre zuvor mit ihrem Wunsch nach Heirat. Die Trennung war womöglich noch unglücklicher als die Ehe. Lange und erbittert stritten Elisabeth Marie und Otto um das Sorgerecht für ihre vier Kinder. Ab 1924 zwar getrennt von Tisch und Bett, aber erst 1948 endgültig geschieden, standen einmal sogar ein Richter, ein Gerichtsvollzieher und 22 Gendarmen von den Toren von Schloss Schönau an der Triesting, dem Zuhause der Familie, um Elisabeth die Kinder wegzunehmen und zu Otto zu bringen. Weil Hunderte Arbeiter den Eingang blockierten, blieben die Kinder bei ihrer Mutter.

Dass ausgerechnet Arbeiter die Interessen einer geborenen Erzherzogin vertraten, lag daran, dass aus Elisabeth eine überzeugte Sozialdemokratin geworden war. Auf einer Wählerversammlung in Leobersdorf hatte die „rote Erzherzogin" 1921 auch ihren neuen Lebensgefährten kennengelernt, den Lehrer und Landtagsabgeordneten Leopold Petznek. Für eine gemeinsame Zukunft verkaufte Elisabeth Schloss Schönau und erwarb die Villa Windisch-Graetz in Hütteldorf. So weit sich ihr Leben auch von der Monarchie entfernt hatte, knüpfte sie mit dem Kauf der Villa, in der sie als Kind häufiger gewesen war, doch an ihre Vergangenheit im Hause Habsburg an.

Vom ehemaligen riesigen Park der biedermeierlichen Villa, die auch schon einmal Bildungszentrum einer Bank

Villa Windisch-Graetz

war, ist nur ein bescheidener Garten geblieben. Für eine Gemeindebauanlage hatte Elisabeth Petznek den westlichen Teil des Parks ein Jahr vor ihrem Tod verkauft; auf dem östlichen Teil wurden später Genossenschaftswohnungen in Häusern errichtet, deren Grundrisse dem der Villa gleichen sollen; eine Ähnlichkeit, die sich hinter den nüchternen Fassaden mit den roten Balkonen gut versteckt.

Die Villa selbst war nach dem Zweiten Weltkrieg zehn Jahre lang von den französischen Besatzern beschlagnahmt. Erst 1955 konnten Elisabeth und Leopold Petznek, die 1948 geheiratet hatten, hierher zurückkehren. Im folgenden Jahr starb Leopold; seine Frau folgte ihm 1963. In ihrem Testament hatte die rote Erzherzogin nicht nur die SPÖ-regierte Stadt Wien begünstigt,

Grab von Elisabeth Petznek

Blick von der Hans-Muhr-Promenade

sondern auch festgelegt, dass man auf ihren Tod bitte anders als auf ihre Geburt reagieren möge: Waren 1883 in der gesamten Donaumonarchie Geschützsalven abgefeuert und Militärparaden abgehalten worden, wünschte sich Elisabeth Petznek von der Republik Österreich einen Abschied in aller Stille.

Dieser Wunsch hat auch die letzte Ruhestätte geprägt: Das Grab der einzigen Tochter von Kronprinz Rudolf, ihres Ehemanns und zwei ihrer Söhne wenige Hundert Meter entfernt von der Villa auf dem **Friedhof Hütteldorf** trägt weder Geburts- noch Sterbedaten und auch keinen Namen. Hinter der Grabplatte steht ein schlichtes steinernes Kreuz, dazwischen ein paar Büschel Heidekraut, ein kleines Gesteck, zwei Grablichter, keine Blumen. Bescheidener kann die letzte Ruhestätte einer geborenen Erzherzogin von Österreich kaum aussehen. Wer nach ihr sucht, sollte sich vorher die Tafel am Eingang des Friedhofs eingeprägt haben, denn am Grab Nummer G72 in Gruppe 2 deutet nichts darauf hin, dass hier die Enkelin jener Kaiserin begraben ist, die zum Mythos wurde. Der Kontrast zum Personenkult um Sisi könnte nicht größer sein. Das Grab ist letzter Zeuge der Geisteshaltung einer Frau, deren Leben die gravierenden gesellschaftlichen Veränderungen ihrer Zeit widerspiegelt.

Dazu gehörte auch die Siedlerbewegung: In den 1920er-Jahren zogen etliche Wiener wegen Wohnungsnot und immer knapper werdenden Lebensmitteln in selbst errichtete Behausungen an der Stadtgrenze. Auf dem Weg vom Friedhof Hütteldorf zum Friedhof Hadersdorf-Weidlingau kommt man an der Gedenktafel für Hans Muhr (1878–1932) vorbei, der einst Funktionär des Kleingartensiedlervereins „Am Bierhäuselberg" war. Von der Hans-Muhr-Promenade hat man, wenn die Bäume nicht belaubt sind, einen schönen Ausblick über das Wiental, das 1903 fertiggestellte Gebäude der Wienflussaufsicht an der Hauptstraße und die Jugendstil-Kapelle auf dem **Friedhof Hadersdorf-Weidlingau.** Nachdem man den Mauerbach überquert hat, erreicht man die Stinglgasse, in der eine 1907 errichtete **Villa von Theodor Schreier** steht. Eine Gedenktafel erinnert daran, dass der Architekt 1943 im KZ Theresienstadt ermordet wurde.

Mit dem Wald, der an die Stinglgasse grenzt, betritt man den historischen Bannkreis des einzigen Wasserschlosses Wiens. Auf dem schmalen Pfad begegnet man nicht nur Wanderern und Joggern, sondern auch der Geschichte von **Schloss Laudon,** das nach den einstigen Herren von Hadersdorf auch Schloss Hadersdorf genannt wird. Über das erste Relikt stolpert man förmlich: Wäre nicht das schmiedeeiserne, mit Kronen und Initialen verzierte Gitter rund um die steinernen Grabplatten, würde man die letzte **Ruhestätte von Johann Ludwig Alexander von Laudon** (1762–1822) **und seinem Sohn Olivier von Laudon** (1795–1881) leicht mit Füßen treten. Ersterer hatte sich nicht gescheut, in die Fußstapfen seines Onkels zu treten, nachdem ihn Ernst Gideon von Laudon (1717–1790) als Offizier in seinem Regiment eingestellt hatte. Wie der Onkel wurde auch der Neffe als wackerer Truppenführer berühmt. Seinen Erfolg verdanke er „umsichtiger Befehlsgebung und Erhaltung strenger Manneszucht", rühmte einer seiner Biografen.

Dass man kriegerische Auseinandersetzungen damals nach anderen Maßstäben bewertete und Sieger sich sehr viel herausnehmen konnten, zeigen auch die Beutestücke, die Ernst Gideon von Laudon von einem seiner Feldzüge aus Belgrad mit nach Hadersdorf gebracht hatte: Die Platten vom Grabmal Ibrahim Paschas sind nun Bestandteil der sog. **Türkensteine** nordwestlich des Doppelgrabs. Zusammen mit anderen Beutestücken wurden sie lange nach Laudons Tod eher unbeholfen zu einer Schauwand zusammengepuzzelt, die umso merkwürdiger anmutet, weil sie heute mitten im Wald steht. Eigentlich hatte Laudon die steinernen Tafeln für ein Mausoleum im türkischen Stil verwenden wollen.

Friedhof Hadersdorf-Weidlingau

Wie **Laudons Grabmal** tatsächlich gestaltet wurde, ist zu sehen, wenn man dem Wanderweg weiter Richtung Nordwesten folgt. Bevor der Pfad auf die

Laudons Grabmal

Gartenpavillon im Schlosspark

Mauerbachstraße stößt, schimmert unterhalb des Weges etwas Weißes durch die Bäume: ein kunstvoll verzierter Sarkophag. Auf den Treppenstufen seines Podests kauert ein lebensgroßer steinerner Ritter. Die Stirn in die Hand gestützt, trauert er um den 1790 verstorbenen Schlossbesitzer. Heute von einem Lanzengitter umstellt und mitten im Wald gelegen, war das Grabmal einst Mittelpunkt eines liebevoll angelegten Gärtchens, wie ein alter Kupferstich zeigt.

Zwar passt es nicht recht zum Bild eines durch die Lande ziehenden Feldherrn, doch der Träger des Maria-Theresien-Ordens gestaltete mit Begeisterung den Garten von Schloss Hadersdorf um, das er rund ein Dutzend Jahre vor seinem Tod gekauft hatte. Bevor man sich jedoch anschaut, was heute aus Schloss und Garten geworden ist, wirft man am **Gedenkstein für Heimito von Doderer** zunächst noch einmal ein Blick zurück in die Vergangenheit: Der Stein erinnert an das Laudonsche Forsthaus, das bis 1960 unterhalb des heutigen Wanderwegs stand. Dort kam 1896 Heimito von Doderer zur Welt. Sein Vater, ein Architekt und Ingenieur, hatte es gemietet, weil er damals an der Regulierung des unweit gelegenen Wienflusses mitarbeitete.

Als Ernst Gideon von Laudon das Schloss von 1776 bis zu seinem Tod 1790 besaß, trat der Fluss noch regelmäßig über die Ufer. Doch allzu oft war der drahtige Offizier, dessen Porträt im Treppenhaus hängt, sowieso nicht in Hadersdorf anzutreffen. Statt wie geplant seinen Ruhestand in **Schloss Laudon** zu verbringen, musste er immer wieder Österreich verteidigen.

Von seinem schönen Anwesen, das heute als Verwaltungsakademie des Bundes, aber auch zu weniger nüchternen Zwecken wie Trauungen und Hochzeiten genutzt wird, hatte er also nicht viel. Seine Frau Clara, die er 1750 geheiratet hatte, dürfte öfter durch das prächtige Vestibül geschritten sein, vorbei an den vier Statuen, die die in der frühen Neuzeit bekannten Erdteile darstellen und ihre Nischen zwischen korinthischen Pilastern bei aller Weltgewandtheit niemals verlassen. Über die imposante Feststiege könnte Clara dann in den ersten Stock gegangen sein, um sich ein Buch aus der Bibliothek zu holen, wohl ohne dabei der heute seltenen Grisaille-Malerei an den Türflügeln der Bücherschränke, die mythologische Themen nach Homer und Euripides darstellt, besondere Aufmerksamkeit zu schenken.

Sicher noch nicht bewundern konnte Laudons Frau das Fresko im Saal zwischen Bibliothek und Treppenhaus, das zwar um 1773 entstanden ist, aber an einem ganz anderen Ort: Johann Wenzel Bergl hatte mit den Allegorien der vier Erdteile den Festsaal des Schlosses Donaudorf in Niederösterreich geschmückt. Erst als das Schloss knapp 200 Jahre später wegen des Baus eines Wasserkraftwerks gesprengt werden musste, zog das exotische Abbild der Welt nach Hadersdorf um. Dafür konnte Clara von Laudon noch in dem von ihrem Mann abwechslungsreich gestalteten **Garten** lustwandeln, dessen Anlage heute nur noch in Resten erkennbar ist. Wie oft mag sie die Allee entlanggeritten sein, an deren Ende zwei borstige Wildschweine auf steinernen Sockeln den Übergang vom Park ins Jagdrevier markierten? Nachdem die zwei Söhne schon im Kindesalter starben, blieb es anderen Kindern vorbehalten, im Winter

Bergl-Fresko

auf dem zum Weiher verbreiterten Wassergraben eiszulaufen.

In den 1960er-Jahren wurde das Schloss renoviert und zu einem Luxushotel umgebaut. Der neue Besitzer, Konsul Alfred Weiss (1890–1974), an dessen Verdienste ein Porträt, eine Büste und eine Gedenktafel im Stiegenhaus erinnern, konnte das Hotel einige Jahre erfolgreich betreiben. Unter den Gästen, für die auch Tennisplätze im Park angelegt wurden, war auch Schauspieler Curd Jürgens.

Bis heute erhalten hat sich das verträumte Ambiente des Wasserschlosses. Wo blühende Bäume im Frühling ein rosafarbenes Dach über der Allee spannen, das Mühlrad neben der Schlossstube klappert und ein Schwanenpaar über den Weiher gleitet, in dem sich das Hauptgebäude und der Wirtschaftstrakt spiegeln, taucht man mühelos in die Vergangenheit ab.

Schlösser

- **Miller-von-Aichholz-Schlössl,** Linzer Straße 429, 1140 Wien, www.europahauswien.at (Veranstaltungszentrum mit Hotel und Restaurant, Schlosspark zugänglich)
- **Villa Windisch-Graetz,** Linzer Straße 452, 1140 Wien (privat)
- **Schloss Laudon,** Mauerbachstraße 43, 1140 Wien, www.bka.gv.at (Standort des Bundeskanzleramts, Schlosspark in Teilen zugänglich)

Außerdem sehenswert:

- **Bahnhof Hütteldorf**
- **Pfarrkirche Hütteldorf** mit Epitaph der Fürstin Leopoldine von Liechtenstein
- **Friedhof Hütteldorf** mit Grab von Elisabeth Petznek
- **Friedhof Hadersdorf-Weidlingau** mit Jugendstilkapelle
- **Villa des Architekten Theodor Schreier,** Stinglgasse 11, 1140 Wien
- im Wald das **Doppelgrab** von Johann Ludwig Alexander und Olivier von Laudon, die **Türkensteine,** das Grabmal für Ernst Gideon von Laudon und der **Gedenkstein** für Heimito von Doderer

Rasten

- **Yume,** Bergmillergasse 3, Sushi und mehr aus der japanischen Küche (www.yume.at)
- **Francesco,** Ristorante und Pizzeria, Linzer Straße 415 (www.francesco-ristorante.at)
- **L421,** Linzer Straße 421, leckere asiatische Küche mit europäischen Einflüssen (www.l421.at)
- **Gasthaus Prilisauer,** Linzer Straße 423, Wiener Küche mit saisonalen Schwerpunkten (www.prilisauer.at)
- **Schutzhaus Laudonwiese,** Friedhofstraße 19, Tagesgerichte und Saisonkarte (www.laudonwiese.at)

Route

Art der Tour: Spaziergang (8,1 km)
Start: Bahnhof Hütteldorf (S-Bahn, U4)
Ziel: Bahnhof Hadersdorf (S-Bahn)

Vom Bahnhof Hütteldorf ❶ durch den Ausgang Keisslergasse stadtauswärts, Keisslergasse beim Würstelstand queren, Weinfeldweg, rechts durch die Stockhammerngasse, rechts in die Bergmillergasse, links in die Linzer Straße zur Pfarrkirche ❷, hinter dem Miller-von-Aichholz-Schlössl ❸ links in das Gelände vom Europahaus, Park stadtauswärts durchqueren, durch die Einfahrt des Seminarhotels zurück zur Linzer Straße, stadteinwärts zur Villa Windisch-Graetz ❹, westlich des Grundstücks durch den Zugang zur Anzbachgasse 31 zum Mond-

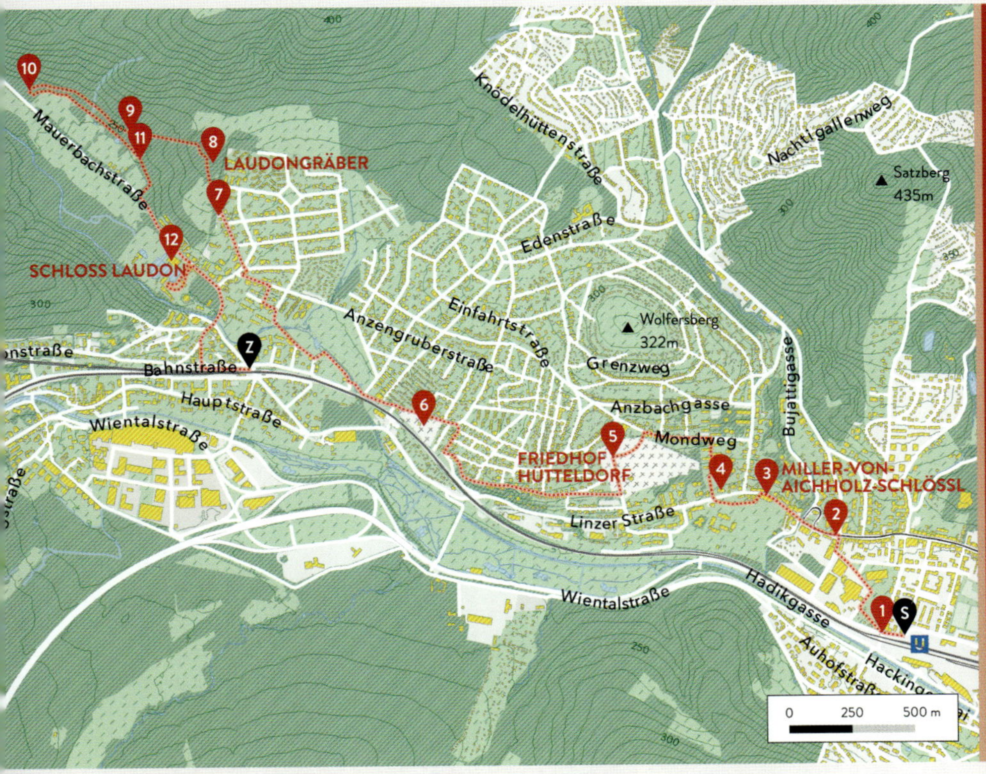

weg, links zum Friedhof Hütteldorf ❺, dort rechts halten und oberhalb der Gruppe 16 zur Gruppe 2, bei der ersten Stiege links hinunter zum Ausgang Bierhäuselberggasse, rechts zum Freesienweg, Hans-Muhr-Promenade, rechts in die Promenadenstraße, links in die Friedhofstraße, Friedhof Hadersdorf-Weidlingau ❻, hinter der Josef-Harrer-Brücke rechts in die Schleusenstraße, Höhe Wiesenweg rechts hinunter zum Mauerbach, links hinauf zum Parkplatz des Josef-Matejcek-Hofs, Huttergasse, links in die Myrbachgasse, rechts in die Obermaissergasse, links in die Anzengruberstraße, rechts in die Cottagestraße, halblinks hinauf zur Stinglgasse, Villa von Theodor Schreier ❼, vor der Salzwiesengasse halblinks in den Wald, an der Weggabelung links den kleinen Hügel hinauf zu den Laudon-Gräbern ❽, weiter zum erst rot, dann grün markierten Weg, Stadtwanderweg 8, vorbei an den Türkensteinen ❾ zum Laudon-Grabmal ❿, zurück zu den Türkensteinen, dort rechts, auf dem grün markierten Weg mit Gedenkstein für Heimito von Doderer ⓫ zur Mauerbachstraße und zum Schloss Laudon ⓬ durch Mauerbachstraße, Postgasse und Bahnstraße zum Bahnhof Hadersdorf

5 Von der himmlischen Galerie zum Schloss der Albträume

Erzbischöfliches Schloss Ober St. Veit | Lainzer Tiergarten | Hermesvilla

Tour 5: Erzbischöfliches Schloss Ober St. Veit und Hermesvilla

Das Erzbischöfliche Schloss Ober St. Veit, baulich und historisch eng mit der Pfarrkirche verbunden, ist Ausgangspunkt dieses Spaziergangs durch den 13. Bezirk. Während es am Wolfrathplatz Maria Theresia war, die das Schloss während der Jahrzehnte ihres Besitzes prachtvoll ausstatten ließ, wurde die Hermesvilla im Lainzer Tiergarten, dem Ziel des Spaziergangs, von Kaiser Franz Joseph I. für seine Frau Elisabeth in Auftrag gegeben. Wie die Mausoleen auf dem Friedhof Ober St. Veit, der auf der Route liegt, ist auch die Hermesvilla ein Beispiel für den Historismus und zugleich Dokument der privaten kaiserlichen Wohnkultur.

Abseits großer Durchfahrtstraßen oberhalb des Wienflusses gelegen, herrscht im Zentrum von Ober St. Veit meist beschauliche Ruhe. Obwohl es am **Wolfrathplatz** eine Schule, Geschäfte und Cafés gibt, ist man weit entfernt von hektischer Betriebsamkeit. Vielleicht hat ja das altehrwürdige Duo aus **Erzbischöflichem Schloss** und **Pfarrkirche** am westlichen Rand des Platzes diesen begütigenden Einfluss.
Während sich das Schloss, das mit der Pfarrkirche zu einem Gebäude verschmolzen ist, hinter einem kleinen Park mit hohen Bäumen verbirgt, ragt der Kirchturm über die umgebenden Häuser hinaus. Auf einer mittelalterlichen Wehranlage errichtet, bilden die alten Stützmauern zum Platz hin eine Terrasse, deren unebenes Pflaster geschichtsträchtig ist: In der späten Völkerwanderungszeit soll dort der slawische Lichtgott Svantowit verehrt worden sein, dem man beim Hauptfest zur Sommersonnenwende mit blutigen Tieropfern huldigte. Als aus der Kultstätte eine Sanctus Vitus geweihte Kirche wurde, knüpften nicht nur der Name, sondern auch der Zeitpunkt des Patroziniumsfests und das Ritual an die frühere Zeit an: Auch dem Heiligen Veit wurde alljährlich am 15. Juni ein Huhn als Opfer gebracht. Erst ein staatliches Verbot 1790 stoppte diesen Brauch.
Zu menschlichem Blutvergießen in Ober St. Veit führten die Türkenbelagerungen. Wie groß die Angst der Einwohner vor einer neuerlichen Attacke gewesen sein muss, zeigt ein Versteck, das man erst Jahrhunderte später enttarnte: 1965 fand man ganz oben in der Metallkapsel der Kirchturmspitze Urkunden aus dem Jahr 1745.
Ganz unten, nämlich unter der Kirche, findet sich ebenfalls ein geheimnisvolles Relikt: Die **Krypta,** die durch eine hölzerne Falltür im Mittelgang 2002 wieder zu-

Pfarrkirche Ober St. Veit

Schloss Ober St. Veit

gänglich gemacht wurde, könnte mit ihrer raffinierten Anlage an die Verehrung des Lichtgotts erinnern. Die durch Ost- und Südfenster einfallenden Lichtkegel zeigen an markanten Punkten der Krypta die Tage der Sonnenwenden und der Tag- und Nachtgleiche an.

Angelegt worden war die Krypta als Grabstätte für die benachbarten Schlossherren, also die Wiener Fürsterzbischöfe, denen das **Schloss Ober St. Veit** seit vielen Jahrhunderten gehört. Heute beherbergt es das Missionskolleg „Redemptoris Mater" zur Priesterausbildung für die Neuevangelisierung. Rektor Giuseppe Rigosi nimmt Seminaristen aus vielen Ländern der Welt auf, die in Ober St. Veit einige Jahre lang Theologie studieren. Ausreichend Ruhe und Platz dafür haben sie in dem vierkantigen Schloss, das einst Richtung Schönbrunn offen war. Für einen Ausgleich zum Studium sorgt die fußballgeeignete, wenn auch recht abschüssige Wiese im Schlosspark. „Die stärkere Mannschaft bekommt halt die untere Hälfte des Platzes", schmunzelt Rigosi.

Einmal hat eine Trägerin weltlicher Macht die Geschicke des Schlosses gelenkt: Maria Theresia hat während der Jahrzehnte ihres Besitzes ihre barocke Handschrift in einigen prächtigen Räumen hinterlassen. Die schmale, Richtung Wolfrathplatz weisende Galerie im zweiten Stock ließ sie um einen Raum verlängern. An der Decke schweben in goldumrahmten Feldern Wolken an einem blassblauen Himmel, von denen Männer, Frauen und Kinder wie von einer kuscheligen Decke umhüllt sind. Die Bilder sollen wohl die Jahreszeiten darstellen, wobei das vierte, bei der Erwei-

Bergl-Fresken ...

... in Schloss Ober St. Veit

terung angefügte Feld statt des Winters das Erzhaus Habsburg preist. Die Büsten von Maria Theresia und Kaiser Franz I. Stephan über den Türen sind ebenso gemalt wie die lebensgroßen Figuren zwischen den Fenstern, die die Künste und Wissenschaften darstellen, und die Bögen, unter denen sie stehen. Zur Scheinarchitektur gehört auch ein Fenster, vor dem der Himmel jahrein, jahraus blau ist.

Eine ganz andere Atmosphäre herrscht in den vier **Bergl-Zimmern** im Erdgeschoss. Passend zum Blick auf den Garten vor den Fenstern malte Johann Wenzel Bergl das nordseitige Gewölbe 1762/63 mit üppig wuchernden Pflanzen und wilden Tieren aus. Dafür wurden die Wände mit Leinwand bespannt, auf der farbenprächtige Früchte über Dromedaren, Lamas, Papageien und Äffchen hängen. Neben der Eingangstür weicht ein weißer Kranich vor einem korpulenten Panzernashorn zurück.

Im Unterschied zu den Zimmern im Schloss Schönbrunn (➤ Tour 3) hat Bergl die Landschaft hier mit Menschen bevölkert, vielleicht um seine Rückkehr zu einer Wertschätzung des Natürlichen, des „edlen Wilden“, zu zeigen. Halbnackte aller Hautfarben sitzen mit Federkronen und aufgespannten Schirmchen unter Palmen oder lugen hinter Bäumen hervor. Einen Schirm hält auch jener Schwarze über sich, der von zwei Weißen in einem Tuch an einer Stange über eine Wand getragen wird.

Vergleichbaren Komfort kann man auf dem Weg vom Schloss zum **Friedhof Ober St. Veit** nicht erwarten. Durch die ruhige Schweizertalstraße und über den lauschigen Mariensteig tragen einen jedoch auch die eigenen Beine angenehm

Friedhof Ober St. Veit

Grab von Egon und Edith Schiele

zum „Stock im Weg". Der kurios anmutende Straßenname ist vom „Stockingen Weg" abgeleitet, der wohl eine Rodungsfläche bezeichnete. An der Ecke Josef-Kraft-Weg liegt das Franziskusheim. Dass das Altenwohnheim 1969 gebaut wurde, verrät das poppig bunte Mosaik im ersten Obergeschoss, in dem sich eine Kapelle befindet. Gegenüber liegt mit dem St.-Josefs-Heim ebenfalls eine Einrichtung der Franziskanerinnen: Auf dem Areal einer ehemaligen Einsiedelei haben sie 1909 eine Unterkunft für betagte Mitschwestern eingerichtet. Aus dieser Zeit stammt auch die neoromanische Kapelle.

Am Hang des Gemeindebergs führt ein Fußweg zum Eingang des Friedhofs Ober St. Veit. Hinter dem Tor wendet man sich am besten rechts Richtung Gruppe B und geht dann durch die Reihe 10 bergauf. Auf der rechten Seite liegt das **Grab von Egon und Edith Schiele.** Der Maler war erst 28 Jahre alt, seine schwangere Frau noch drei Jahre jünger, als beide 1918 kurz nacheinander an der Spanischen Grippe starben. Wie zum Trotz erhebt sich hinter der Rasenfläche mit Blümcheninsel das Hochrelief eines annähernd lebensgroßen Paares, die Körper teilweise verhüllt von einer dicht geknüpften Perücke aus Efeu. Unter die Hecke neben dem Grabmal des Künstlers, der als drittes Kind eines Tullner Bahnhofsvorstands auf die Welt kam, hat jemand die Schiene einer Spielzeugeisenbahn gelegt und darauf einen Güterwaggon gestellt. „Schiele would love it" steht auf der hölzernen Ladung.

Noch weitere figurale Grabdenkmäler sieht man auf dem Weg hinauf zu den

Mausoleen, die am höchsten Punkt des Friedhofs auf einer halbrunden Betonterrasse nebeneinanderstehen, als bildeten sie die Kulisse für eine Tragödie. Mit ihrem morbiden Charme erinnern sie an die Palazzi Venedigs. Hier und da bröckelt der Putz, manche der bunten Glasfenster haben Löcher und über die Stufen klettert nur das Gras.

Erbaut um die Wende vom 19. auf das 20. Jahrhundert, haben die Mausoleen Gewänder aus allen möglichen Epochen angelegt: Neben zwei vergleichsweise schlichten neogotischen Grabkapellen mit Sichtziegeln stehen monumentale Kuppelbauten im Stil der Neorenaissance mit Säulenfronten, auf denen Geniusfiguren balancieren. Vor dem ebenfalls streng historistischen Mausoleum von Baumeister Anton Trillsam, unter dessen Namen zwei Putten trauern, tanzt eine in den Hang gebaute Grotte aus der Reihe: Eine Mauer mit einem Durchlass, der von Urnengefäßen gerahmt wird, geht in mächtige Steinquader mit einem Gitterportal in der Mitte über. Wagt man es, über das Gras bis zur Tür zu gehen, um im Inneren die monumentale Figurengruppe „Trauernde mit Herz Mariae“ zu erspähen? Vielleicht doch lieber umdrehen und in die andere Richtung schauen, in der es statt eng und düster weit und licht ist: Bei guter Sicht reicht die Aussicht über das Wiener Becken hinaus bis zum Hundsheimer Berg und zum Leithagebirge. Im Vordergrund steht ein großes Glasmosaik, das von einem wuchtigen Kreuz in vier Teile geteilt wird. Wie das Mosaik des Franziskusheims stammt auch dieses Werk Hermann Bauchs aus den 1960er-Jahren.

Wesentlich älter ist die Mauer um den

Putto-Brunnen auf der Terrasse vor der Hermesvilla

Lainzer Tiergarten, auf die man stößt, wenn man nach dem Verlassen des Friedhofs bergan geht. Zwischen 1782 und 1787 errichtete der als „Armer Schlucker“ legendär gewordene Baumeister Philipp Schlucker für erheblich weniger Honorar als seine Konkurrenten die Mauer, nachdem Kaiser Joseph II. das Areal ausgedehnt hatte. Heute soll sie rund 22 Kilometer messen und kann bei einer ausgedehnten Tageswanderung umrundet werden.

Nicht ganz so lange braucht man für den Weg durch das **St. Veiter Tor** zur **Hermesvilla.** Hübsch liegt das zweistöckige Gebäude mit den Türmchen inmitten von Wiesen, Mammutbäumen und Schwarzkiefern. Vor der Villa wacht die Hermesstatue aus weißem Marmor, die ihr den Namen gab. Auf der Terrasse dahinter

Namensgebende Hermesstatue vor der Villa im Lainzer Tiergarten

kämpft ein **Putto** in einer runden Brunnenschale eher spielerisch mit einem Krokodil. Hinter der Villa schaffen Reitschul- und Wirtschaftstrakt sowie Forstverwaltung einen heimeligen Rahmen für einen kleinen Pavillon und den Dianabrunnen.

Und doch wirkt die mit schmiedeeisernen Übergängen verbundene Anlage im Stil des Wiener Historismus wenig einladend. Warum gut gemeint manchmal das Gegenteil von gut ist – in der mit Fotos aus der Entstehungszeit und Zitaten der kaiserlichen Familie komplettierten Ausstellung meint man, es ergründen zu können: Seit der Renovierung in den 1970er-Jahren ist die Hermesvilla eine Außenstelle des Wien Museums. Zwei Millionen Gulden hat Kaiser Franz Joseph I. einst aus seiner Privatschatulle gezahlt, um der kapriziösen, vom höfischen Zeremoniell gestressten Kaiserin Elisabeth endlich ein Zuhause in Wien zu geben. Dass das nicht einfach werden würde, war ihm offenbar bewusst: „Ich werd mich immer fürchten, alles zu verderben", zitiert seine jüngste Tochter Marie Valerie 1886, als die Hermesvilla gerade fertig geworden war, ihren Vater in ihrem Tagebuch.

Schon wenn man in die achteckige Eingangshalle der Hermesvilla tritt, scheint sich auch der hellste Tag zu verdunkeln: Ebenso wie das Treppenhaus ist sie komplett mit dunklem Eichenholz vertäfelt. „Ungemütlich schön" sei die Villa, schreibt Marie Valerie in ihrem Tagebuch. Wie ein bis zur Ungenießbarkeit verdichtetes Konzentrat dieses Eindrucks wirkt das Schlafgemach der Kaiserin, die sich in ihrem poetischen

Deckengemälde in der Hermesvilla

Prunkbett

Tagebuch gern mit der Feenkönigin Titania aus Shakespeares „Sommernachtstraum“ identifizierte. Nach Motiven der Komödie fertigte Hans Makart auch die Entwürfe für die Wand- und Deckengemälde an, die so pompös ausgefallen sind, dass man nicht weiß, wohin man zuerst schauen soll. Fällt der Blick auf das hochbarocke Prunkbett, in dem schon Maria Theresia während ihrer Reisen in der Poststation Strengberg bei Amstetten übernachtete, hält man es erst recht nicht mehr für möglich, dass man in so einem überladenen Raum entspannt schlummern konnte: Die Skulpturen, die auf dem monströsen Betthaupt direkt neben und über dem Kopf des Schlaf Suchenden sitzen, ja lauern, scheinen diversen Albträumen entschlüpft zu sein. Doch statt z. B. ein genauso schlichtes Messingbett wie der Kaiser zu bekommen, fiel die Kaiserin von einem Extrem ins andere und legte sich zum Schlafen auf eine Matratze am Boden.

Aber auch eine andere Einrichtung hätte vermutlich wenig daran geändert, dass Elisabeth nur wenige Tage im Jahr in der Hermesvilla verbrachte. Obwohl zunächst alles nach einem „Schloss der Träume“ ausgesehen hatte, wollte es Frauen der kaiserlichen Familie hier trotz Turnzimmer und Reithalle nicht gefallen: „Mamas Zimmer haben den besten Willen ungeheuer freundlich zu sein, sind mir aber in ihrem manierierten Rokoko zuwider“, urteilte Marie Valerie. Als sie das Schlösschen erbte, richtete sie die Räume nach ihrem Geschmack ein. Doch so ganz vertreiben konnte auch sie die eher düstere Atmosphäre des Hauses nicht, das sich als

Garten der Hermesvilla

„immer unpraktischer und ungemütlicher“ erwiesen hatte.

Wenigstens die Zufahrt vom **Lainzer Tor** zur Hermesvilla, die 1911 in staatlichen Besitz überging, war auch bei Dunkelheit hell: Als eine der ersten Straßen in Wien wurde sie mit elektrischer Beleuchtung ausgestattet.

Schöner gehen lässt es sich auf dem **Naturerlebnispfad,** der parallel zum asphaltierten Weg durch naturnahe Wiesen führt und nicht nur mit typischen Wienerwaldbäumen wie Buche und Eiche, sondern auch mit seltenen Gewächsen wie dem Speierling bekannt macht. Im Mufflon- und Damhirschgehege am Lainzer Tor kann man Wild beobachten und das Besucherzentrum informiert über das ehemalige kaiserliche Jagdrevier und heutige Naturschutzgebiet.

Die manngifaltige Tier- und Pflanzenwelt ringsum schien auch Elisabeth mit der Hermesvilla zu versöhnen. „Das nennt man nach Hause kommen ... zu Hause ist man doch nur dort, wo die Natur schön und die Menschen lustig sind“, soll sie anlässlich ihrer Ankunft 1888 gesagt haben. In ihren Versen wurde der Lainzer Tiergarten gar zum Reich der Feenkönigin: „Titania wandelt unter hohen Bäumen / Mit weissen Blüten ist ihr Pfad bestreut / Die Buchen rings, die alten Eichen keimen / Es scheint der Wald ein Dom, dem Mai geweiht.“

Ein „Zauberort“ ist der Tiergarten auch heute noch für alle, die dem hektischen Alltag eine Weile entfliehen möchten.

Schlösser

- **Erzbischöfliches Schloss Ober St. Veit,** Wolfrathplatz 2, 1130 Wien www.1133.at/document/view/id/700 (Missionskolleg Redemptoris Mater, Besichtigung auf Anfrage möglich)
- **Hermesvilla,** Lainzer Tiergarten, 1130 Wien, www.wienmuseum.at (Museum der Stadt Wien, geöffnet Mitte März bis Anfang November tägl. außer Mo, Park öffentlich zugänglich)

Außerdem sehenswert:

- **Pfarrkirche Ober St. Veit,** Wolfrathplatz, 1130 Wien
- **Friedhof Ober St. Veit** mit Mausoleen vom Ende des 19. Jahrhunderts und Grab Egon Schieles (Gruppe B, Reihe 10, Nr. 15/16), Gemeindeberggasse 26, 1130 Wien
- **Lainzer Tiergarten** mit Naturerlebnispfad, Mufflon- und Damhirschgehege, Besucherzentrum

Wissenswert:

- Da die Route durch den Lainzer Tiergarten führt, sollte vorher überprüft werden, ob Lainzer und St. Veiter Tor geöffnet sind.

Rasten

- **Hermes,** Café und Restaurant in der Hermesvilla, Wildspezialitäten (etwa Lainzer Wildschweinpfeffer oder Wildschweinknödel), aber auch Flammkuchen (www.hermes-villa.at)

Innenhof von Schloss Ober St. Veit

Schmiedeeiserne Übergänge der Hermesvilla

Route

Art der Tour: Spaziergang (5,4 km)
Start: Wolfrathplatz (Bus 53B, 54B, 55B)
Ziel: Lainzer Tor (Bus 60B)

Wolfrathplatz mit Pfarrkirche Ober St. Veit ❶ und Erzbischöflichem Schloss ❷, Vitusgasse, rechts in die Erzbischofgasse, links in die Schweizertalstraße, am Marterl halblinks in den Mariensteig, Ghelengasse queren, Cranachstraße, halblinks in die Köchelgasse, rechts in den Stock im Weg, links in den Josef-Kraft-Weg zum Friedhof Ober St. Veit ❸, nach dem Abstecher weiter bergan durch die Gemeindeberggasse, am Waldrand links in den Hanschweg bis zum St. Veiter Tor ❹ des Lainzer Tiergartens ❺, hinter dem Tor weiter Richtung Hermesvilla ❻, über den Naturerlebnispfad ❼ zu den Wildgehegen ❽ und zum Lainzer Tor mit Besucherzentrum ❾

6 Lustgebäude und Landschaftsgärten zwischen Wien und Wienerwald

Schloss Wilhelminenberg | Schloss Neuwaldegg | Schloss Pötzleinsdorf | Geymüllerschlössel

Tour 6: Schloss Wilhelminenberg, Schloss Neuwaldegg, Schloss Pötzleinsdorf und Geymüllerschlössel

Wo die Stadt im Westen auf den Wienerwald stößt, war einst viel Platz für Lustschlösser mit aufwendig gestalteten Gärten. Den schönsten Blick auf Wien genießt man gleich zu Beginn dieses Spaziergangs von Schloss Wilhelminenberg, wo zuvor das Sommerschlösschen des Fürsten Gallitzin stand. Vorbei am Schloss Neuwaldegg, im 17. Jahrhundert als Gartenpalais errichtet, kommt man nach Pötzleinsdorf, wo eine Bankiersfamilie viel Geld ausgab: Johann Heinrich von Geymüller legte am Schloss Pötzleinsdorf einen der wichtigsten Wiener Landschaftsgärten aus der Zeit um 1800 an. Und sein Bruder Johann Jakob Geymüller ließ ganz in der Nähe ein Schlössel bauen, in dem man noch heute in die Welt des Empire und des Biedermeier eintauchen kann.

Im Festsaal warten blütenweiße Servietten und blank polierte Weingläser auf die Gäste des nächsten Banketts. Hinter den großen Fenstern liegt die Stadt wie eine wohlig ausgestreckte Katze zu Füßen des **Gallitzinbergs,** auch bekannt als Wilhelminenberg. Die Frühlingssonne hat Hotelgäste auf die Terrasse des Cafés hinausgelockt. Über die Wiese unterhalb der steinernen Balustrade schlendern Spaziergänger, etwas abseits hat ein Mann eine Decke ausgebreitet und sich in ein Buch vertieft. Weil das Gelände rund um das **Schloss Wilhelminenberg** öffentlich zugänglich ist, muss man kein Hotelgast sein, um den fürstlichen Ausblick auf die Stadt genießen zu können.

Der nach Fürstin Wilhelmine benannte Festsaal im ersten Stock und das mit neobarockem Stuck ausgestattete Café im Erdgeschoss gehören zum wenigen, das noch an die Zeit erinnert, als das Hotel ein Schloss war. Möbel und Gemälde sind verschwunden. Nur die mit hölzernen Bücherschränken und steinernen Büsten ausgestattete Bibliothek neben dem Café stammt noch aus den Anfängen des Neoempireschlosses.

Die Zeit für Schlösser war ja eigentlich längst vorbei, als Erzherzog Rainer (1827–1913), ein Cousin von Kaiser Franz Joseph I. und Erbe des Besitzes, das alte Lustschloss abreißen und dort im ersten Jahrzehnt des 20. Jahrhunderts seinen neuen Wohnsitz errichten ließ. Dazu gehörte auch ein sog. Bergbauernhof, die heutige Villa Aurora nördlich des Schlosses. Schon wenige Jahre später wurde

Schloss Wilhelminenberg von der Gartenseite aus gesehen

aus dem luxuriösen Wohnsitz ein Lazarett für die Opfer des Ersten Weltkriegs, eine Rolle, die er nach einem Zwischenspiel als Kinderheim und als Sitz der Wiener Sängerknaben auch im Zweiten Weltkrieg übernahm. Nach Kriegsende zog ein Kinderheim ein, das 1977 geschlossen wurde und später in die Schlagzeilen geriet: Eine Untersuchungskommission bestätigte Berichte ehemaliger Bewohner, die zum Teil schwer misshandelt worden waren.

Mit dem Umbau des Schlosses 1987 in ein Gästehaus knüpfte man an den luxuriösen Wohnsitz von einst an. Vor allem Gäste ab 50 Jahren aufwärts schätzen die einzigartige Lage des Austria Trend Hotels, das die Räume mit der Jahrtausendwende bezogen hat. Viele der 87 Zimmer liegen auf der Stadtseite und bieten damit jene fantastische Aussicht, die man auch von Festsaal und Caféterrasse genießt und die schon Demetrius Fürst Gallitzin gefallen haben dürfte. 1784 erwarb er ausgedehnte Gründe an dem später nach ihm benannten Berg, denn der Förderer der Künste wünschte sich nicht nur ein Sommerschlösschen für seine Sammlung, sondern auch einen Park.

Wie ausgedehnt dieser Landschaftsgarten war, zeigt ein Staffagebau, der, wie zufällig vom Himmel gefallen, oberhalb des Schlosses steht: Nimmt man den Wanderweg entlang der Savoyenstraße Richtung Süden und biegt dem Zaun folgend rechts ab, kann man nach wenigen Gehminuten im abgezäunten Areal rechts vom Weg einen **Rundtempel** sehen. Der schlichte klassizistische Bau mit dem hohen Kuppeldach, das von ionischen Säulen getragen wird, war einst

Rundtempel

Mausoleum

Teil eines Gartens mit Teichen, Springbrunnen und einer „römischen“ Ruine, den sich heute der Wald einverleibt hat. Zwischen Bäumen und Büschen versteckt sich auch ein weiteres steinernes Monument, das an die Familie Montléart erinnert, die den Besitz 1824 kaufte. In dem kleinen **Mausoleum,** das nordöstlich des Schlosses unweit der Savoyenstraße steht, wurden 1887 Fürst Moritz Montléart und acht Jahre später seine Gattin Wilhelmine zur letzten Ruhe gebettet. Unter ihrem Namen ist heute auch der Gallitzinberg bekannt, denn die 1820 geborene Wilhelmine wurde in Wien sehr verehrt: Kinderlos verwitwet, stiftete der „Engel vom Wilhelminenberg“ u. a. Geld für das Wilhelminenspital.

Anderer Berg, andere Bebauung: Die **Siedlung Heuberg,** die man über Savoyenstraße und Eselsstiege erreicht, bestand beim Bau in den 1920er-Jahren eigentlich aus zwei Siedlungen: Wien-West mit 129 und Am Heuberg mit 40 Wohneinheiten. Schon an der Zahl erkennt man, dass die Häuschen sozial gesehen in einer anderen Welt als das Schloss Wilhelminenberg standen. Adolf Loos, damals Chefarchitekt des Siedlungsamts, ließ die zweigeschossigen Wohnhäuser kostensparend in Reihenbauweise anlegen, mit Presskiesdächern decken und mit Holzschindeln verkleiden. Um sie noch günstiger zu machen, halfen die angehenden Bewohner – meist Arbeits- und Unterstandslose – beim Bau mit. Mit den steigenden Ansprüchen wuchsen im Lauf der Jahrzehnte auch die Häuschen. Statt reiner Nutzgärten, die die Bewohner mit Lebensmitteln versorgen sollten, gibt es heute Freizeitoasen, statt Vorgärten oft Parkplätze.

Schloss Neuwaldegg

Ein **Schloss Neuwaldegg** wird aber aus keinem Reihenhaus je werden können. Ende des 17. Jahrhunderts als Gartenpalais für Theodor Graf Strattmann errichtet, ließ es der Gründer einer Investmentgesellschaft im zweiten Jahrzehnt des 21. Jahrhunderts zu exklusiven Wohnungen umbauen. Zuvor hatte es einige Jahrzehnte der Erzdiözese Wien gehört und war u. a. vom Franz-Schubert-Konservatorium genutzt worden. Zusammen mit dem nordseitig angrenzenden Stöcklgebäude, dem Pförtnerhaus, dem ehemaligen Badhaus und vor allem dem südöstlich in Terrassen vorgelagerten barocken bzw. neobarocken Garten ergibt das Schloss ein Ensemble, wie es repräsentativer kaum sein kann.

Im ovalen Hauptsaal im ersten Stock bestaunen Putten das reich bemalte und mit Stuck verzierte Gewölbe über ihren Köpfen. Ihre Cousins unten im Garten werden statt von rosafarbenen Girlanden von immergrünen Buchsbaumhecken umringt. Stets der Witterung ausgesetzt, ist ihre steinerne Haut von Moos und Flechten überzogen. Im Brunnenbecken, der das Zentrum der Hauptterrasse bildet, liegt ein Fisch schon seit ewigen Zeiten auf dem Trockenen.

Nichts mitbekommen vom Umbau haben die Zwerge, die um 1719 auf die Welt kamen und damals in ihren zeitgenössischen Trachten eine groteske Galerie auf der Balustrade bildeten. Weil die in die Jahre gekommenen steinernen Gesellen absturzgefährdet waren, wurden sie in das ehemalige Badhaus übersiedelt. In diesem grottenähnlichen Gewölbe stehen sie aufgereiht wie Bergleute, die nach ihrer Schicht auf die Seilfahrt warten.

Schloss Pötzleinsdorf

Während das Schloss Neuwaldegg Privatbesitz ist, gehört der nordwestlich gelegene, ehemals rückwärtige Teil des Schlossparks seit 1957 der Stadt Wien. Ein Abstecher in den **Schwarzenbergpark** lohnt sich vor allem für Erholungssuchende, weniger für Geschichtsinteressierte, denn von Österreichs ältestem Garten nach englischem Vorbild ist nicht mehr viel zu sehen. Benannt nach der Familie Schwarzenberg, die den Park ab 1801 besaß, war er schon Anfang des 20. Jahrhunderts ziemlich verwildert. Berühmt wurde er durch Feldmarschall Graf Lacy, der dem Wald ab 1766 mit Unmengen an Säulen, Statuen, Teichen, Tempeln, Grotten, Lusthäusern und Brücken eine herausragende Sehenswürdigkeit seiner Zeit abtrotzte: „In diesem Park findet man alles vereinigt, was man nur immer von einer solchen Anlage verlangt", zitiert Eva Berger in ihrem Buch „Historische Gärten Österreichs" eine begeisterte Schilderung aus dem Jahr 1808.

Bevor wir durch den nächsten, weitaus besser erhaltenen und ebenfalls von dem Gärtner Franz Illner angelegten Landschaftspark das nächste Schloss auf diesem Spaziergang erreichen, kommen wir an einem nur scheinbar abgeschiedenen **Kloster** vorbei: Die Missionsschwestern „Königin der Apostel" haben in der Kreuzwiesengasse 9 zwar ihr Mutterhaus, sind aber in ihrem Wirken auf die Welt ausgerichtet. Vor allem versuchen sie, das harte Los vieler indischer Frauen in sozialen Einrichtungen vor Ort zu verbessern.

Mit diesem Auftrag verbindet die Besucher des **Schafbergbads,** das man durch einen lauschigen Fußweg erreicht, allenfalls der Blick über Wien hinaus. Die beste Aussicht auf Donauturm, Millennium-Tower und UNO-City genießt man vom höchsten Punkt der längsten Wasserrutsche Wiens: 102 Meter misst die blaue Plastikröhre – ein Rekord, der vor allem Jugendliche und Familien in das Sommerbad lockt, das in den 1970er-Jahren dem Geschmack der Zeit angepasst wurde. Wo früher Schafe weideten, tummeln sich an heißen Sommertagen rund 10.000 Besucher.

Wer Ruhe sucht, ist im **Pötzleinsdorfer Schlosspark** besser aufgehoben. Mit einem Gartensalon, einer Brunnenstube im Bruchsteinmauerwerk und einem Denkmal für den Dichter Johann Baptist Aichinger sind dort noch einige der Staffagebauten erhalten, mit denen Johann Heinrich Geymüller (1754–1824) ab 1799 aus einem Garten voller exotischer Pflanzen einen weitläufigen Landschaftspark machen ließ. Die Anlage mit Wald und Wiesen, die von geschwungenen Wegen durchzogen und von Teichen unterbrochen werden, ist in Teilen noch gut erkennbar.

Weil es dem reichen Besitzer nicht an Geld mangelte – Geymüller führte mit seinem Bruder Johann Jacob und seinem Neffen Johann Heinrich Falkner-Geymüller eines der führenden Geldinstitute Wiens – waren Größe und Bepflanzung wenig Grenzen gesetzt. Bald dehnte sich der Park, in dem Mammutbäume, Sumpfzypressen, Platanen und Rotbuchen im Lauf vieler Jahrzehnte zu beeindruckender Größe herangewachsen sind, auf dem gesamten Nordhang bis zur Kuppe des Schafbergs aus. Auf einer Pappelallee gelangte man von Gersthof herauf zum **Pötzleinsdorfer Schloss** und in den bereits unter Geymüller öffentlichen Park.

Heute zerschneidet ein Maschendrahtzaun die einstige Einheit aus Schloss und Park. Nach Jahrzehnten als Jugendgästehaus war der ehemalige Freihof arg heruntergekommen, als die Rudolf-Steiner-Schule in den frühen 1980er-Jahren einzog. Gegen eine geringe Pacht überließ die Stadt den Waldorfschülern, die neben Wien-Mauer ein weiteres Schulhaus suchten, das Gelände mit der Auflage, die Gebäude instand zu halten und das Ensemble zu schützen.

Dieser Auftrag umfasst auch Objekte wie das riesige Kruzifix an der Wand gleich hinter dem schmiedeeisernen Tor, das nach der Restaurierung wieder am angestammten Platz angebracht wurde. Es würde bei einer konfessionell unabhängigen Schule, deren Lehrplan

Steinernes Becken im Garten von Schloss Pötzleinsdorf

auf den Erkenntnissen des Anthroposophen Rudolf Steiner beruht, wohl fehl am Platz wirken, wenn man nicht überall rund um das Schloss auf Dinge stieße, von denen man sich fragt, wie sie wohl dorthin gekommen sind. Da ist z. B. ein barock anmutendes Portal, dessen verzierter Rundbogen nicht zu dem schlichten rechteckigen Seiteneingang des überwiegend klassizistischen Schlosses passt. Eine nachträglich angebaute Stiege ist dagegen nur noch auf einem Aquarell aus dem Jahr 1943 zu sehen, das im Bezirksmuseum Währing hängt: Die neobarocke Freitreppe wurde bei einer Renovierung 1950 abgetragen und kehrte nicht wieder zurück.

Geblieben ist ein rundes steinernes (Tauf?)Becken mit wunderschönen Verzierungen im Garten westlich des

Geymüllerschlössel

Schlosses, das an das Trinkwasser angeschlossen ist. Und an der Ostseite des Schlosses, wo einst der pappelgesäumte Weg von Gersthof nach Pötzleinsdorf endete und jetzt die Lehrer ihre Autos parken, versteckt sich etwas, das intern auch „die wilde Mauer“ genannt wird: ein von Efeu überwuchertes, von Flechten und Moos bedecktes Sammelsurium aus Säulenstücken, steinernen Gesichtern und Girlanden. Vieles von dem, was man rund um das Schloss findet, brachte der Möbelfabrikant und Kunstsammler Max Schmidt hierher, nachdem er das Schloss 1920 gekauft hatte.

Eindeutig aus Geymüllers Zeit stammt dagegen das **Preindl-Salettl,** ein Gartenpavillon, an dem man auf dem Weg durch den Park zum Schloss vorbeigekommen ist. Benannt ist der ursprünglich verglaste Bau in Form eines Tempels nach Marie Preindl, die zur Zeit des Wiener Kongresses die bekannteste Kurtisane der Stadt war und eine enge Beziehung zum solventen Pötzleinsdorfer Schlossherrn gehabt haben soll. Ihr Spitzname „Tausendguldenkräutl“ dürfte weniger auf die exklusive Botanik des Parks als auf ihre hohen Ansprüche zurückzuführen gewesen sein.

Die Blütezeit des Pötzleinsdorfer Schlosses neigte sich bald dem Ende zu: Zwar hatte auch der nächste Besitzer, der Neffe Johann Heinrich Falkner-Geymüller (1781–1848), zunächst mehr als genügend Geld, um glanzvolle Feste zu feiern. Doch der Bankier übernahm sich und ging 1841 erst in Konkurs, dann in den Untergrund, während Schloss Pötzleinsdorf nicht zum letzten Mal in seiner Geschichte unter dem Hammer landete.

Nur die spätbarocke **Ägydiuskirche,** früher Pötzleinsdorfer Pfarrkirche, und ein paar ehemalige Weinhauerhäuser trennen das Schloss vom **Geymüllerschlössel,** das sich der schon erwähnte Bruder des Pötzleinsdorfer Schlossherrn, Johann Jakob Geymüller (1760–1834), Anfang des 19. Jahrhunderts als Sommersitz erbauen ließ. Er pflegte im Gegensatz zu seinem älteren Bruder ein zurückgezogenes Leben, doch unter ihren späteren Besitzern, der Familie Mautner, wurde die Spätempirevilla in der Pötzleinsdorfer Straße zu einem Zentrum des kulturellen Lebens in Wien. Nach dem Ersten Weltkrieg machten sich z. B. Max Reinhardt oder Richard Strauss gern sonntagnachmittags auf den Weg „zum jour“ nach Pötzleinsdorf.

Mit der Machtergreifung der Nazis verlor die jüdische Familie Mautner ihren Besitz. Leben brachte erst der damalige Direktor der Österreichischen Staatsdruckerei, Franz Sobek, ab 1946 zurück ins Geymüllerschlössel. Er ließ es nicht nur renovieren, sondern stattete es auch mit Möbeln, Gemälden und Uhren so großartig aus, dass nach der Ergänzung aus Beständen des Museums für Angewandte Kunst (MAK) die Illusion von einer Villa aus der ersten Hälfte des 19. Jahrhunderts nahezu perfekt ist, auch wenn vom originalen Mobiliar der Familie Geymüller nichts mehr erhalten ist.

Die südseitige, üppig berankte zweigeschossige Arkadenloggia erinnert mit ihren spitzen Bögen an die Gotik, ebenso wie die auf der Ostseite angebaute Veranda. Die nordseitige Kuppel krönt wie im Orient ein Halbmond. Dieser für Lustgebäude der damaligen Zeit typische Stilmix hat auch die Wände und Decken im Inneren geprägt: Den Mittelsalon schmücken gotisierende, die sog. Moschee orientalisierende Motive. Ein Eckzimmer ist bis auf den Bereich hinter dem Ofen, der wegen Brandgefahr ausgespart wurde, mit einer Tapete verkleidet, die eine indische Szenerie zeigt: Über das blaue Wasser zwischen Tempeln gleiten Galeeren, die auch dort nicht untergehen, wo sie wegen eines Fensters in zwei Teile zerschnitten sind.

Bei einer Führung wird man auf Details wie Lusterkrawatten oder Lampen mit zart bemalten Schirmen aus Bisquit-Porzellan und auf die Raffinesse von so manchem Möbelstück aufmerksam. Die zwei großen Bücher aus Holz, die auf einem dritten am Boden stehen, sind eigentlich ein Papierkorb; der Schreibtisch an der Wand hat so viele Geheimfächer, dass selbst Experten nicht alle finden, und das hölzerne Sofa mit dem hellen Bezug gegenüber bietet außer einer Sitzgelegenheit auch noch musikalische Unterhaltung.

Salon mit Uhr am Tisch

Eine Melodie spielen auch manche der Uhren, die Franz Sobek gesammelt hat. Überall stehen sie auf Beistelltischen, Regalen und Kommoden oder hängen an der Wand. Rund 160 sind es, angefertigt zwischen 1750 und 1850, kleine Tischuhren unter Glasstürzen, große Standuhren oder in Bilder integrierte Spieluhren. Auf Schritt und Tritt zeigen sie an, wie vergänglich die Zeit selbst an einem Ort wie dem Geymüllerschlössel ist, wo sie scheinbar in der Mitte des 19. Jahrhunderts stehen geblieben ist.

Schlösser

- **Schloss Wilhelminenberg,** Savoyenstraße 2, 1160 Wien, www.austria-trend.at/hotel-schloss-wilhelminenberg/de (Hotel mit Café; Gelände zugänglich)
- **Schloss Neuwaldegg,** Waldegghofgasse 3–5, 1170 Wien (Privatbesitz; Schwarzenbergpark zugänglich)
- **Schloss Pötzleinsdorf,** Geymüllergasse 1, 1180 Wien, www.waldorfschule-poetzleinsdorf.at (Rudolf-Steiner-Schule; Schlosspark zugänglich)
- **Geymüllerschlössel,** Pötzleinsdorfer Straße 102, 1180 Wien, www.mak.at (Besichtigung von Mai bis Nov. an den Wochenenden)

Außerdem sehenswert:

- **Rundtempel**
- **Montléart-Mausoleum** nordöstlich von Schloss Wilhelminenberg an der Savoyenstraße, 1160 Wien
- **Siedlung Heuberg**
- **Schwarzenbergpark**
- **Kloster der Missionsschwestern** „Königin der Apostel", Kreuzwiesengasse 9, 1170 Wien
- **Schafbergbad,** Josef-Redl-G. 2, 1180 Wien
- **Pötzleinsdorfer Schlosspark** mit Preindl-Salettl, Spielplatz und Tiergehege
- **Ägydiuskirche,** Pötzleinsdorfer Str. 108, 1180 Wien

Rasten

- **Café und Restaurant im Schloss Wilhelminenberg,** Savoyenstraße 2, So Brunch
- **Villa Aurora,** Wilhelminenstraße 237
- **Restaurant Heuberg,** Röntgengasse 39, im ehem. Schutzhaus gibt es nicht nur Wiener, sondern auch indische Küche (www.restaurant-heuberg.at)
- **Parkraum,** Pötzleinsdorfer Straße 167, ehem. Café des Pötzleinsdorfer Schlossparks, beliebt bei Familien
- **Buffet** beim Spielplatz im Pötzleinsdorfer Schlosspark, geöffnet von März bis Okt. bei schönem Wetter, 10–18 Uhr

Route

Art der Tour: Spaziergang (8,9 km)
Start: Wilhelminenberg (Bus 46A, 46B)
Ziel: Pötzleinsdorf (Straßenbahn 41)

Schloss Wilhelminenberg ❶, Abstecher über den Wanderweg Richtung Westen zum Rundtempel im Wald oberhalb der Savoyenstraße ❷, zurück zum Schloss, vorbei am Montléart-Mausoleum ❸ auf der Savoyenstraße Richtung Nordosten, links über die Eselstiege, links in die Kretschekgasse mit Siedlung Heuberg ❹, links in die Röntgengasse, rechts in die Trenkwaldgasse, Waldhüttenweg, Promenadegasse, links in die Luchtengasse, links in die Waldegghofgasse bis zu Nr. 5, Schloss Neuwaldegg ❺, zurück und links in die Dornbacher Straße, rechts in die Klampfelberggasse, Kreuzwiesengasse mit Kloster der Missionsschwestern ❻, rechts in die Josef-Redl-

Gasse, links in den Utopiaweg, vorbei am Schafbergbad ⑦, an der Kreuzung Buchleitengasse/Schafberggasse links in den Pötzleinsdorfer Schlosspark ⑧, erst geradeaus durch den Wald, dann rechts zum Preindl-Salettl ⑨, hinunter zum Hauptweg, links am Teich vorbei zum Ausgang 1. Teichtor, rechts in die Pötzleinsdorfer Straße, rechts in die Geymüllergasse bis Nr. 1, Pötzleinsdorfer Schloss ⑩, zurück zur Pötzleinsdorfer Straße, vorbei an der Ägydiuskirche ⑪ zur Kreuzung Khlevenhüllerstraße und zum Geymüllerschlössel ⑫, durch die Pötzleinsdorfer Straße stadteinwärts, bei der Einmündung der Geymüllergasse rechts in den Park, links durch den Haupteingang zum Max-Schmidt-Platz mit der Pötzleinsdorfer Schleife

7 Idyllen im Verborgenen

Schloss Alterlaa | Schloss Altmannsdorf | Schloss Hetzendorf

Tour 7: Schloss Alterlaa, Schloss Altmannsdorf und Schloss Hetzendorf

Englische Parks besitzen alle drei Schlösser auf dieser Tour vom 23. in den 12. Bezirk, doch blühen sie größtenteils im Verborgenen. Vom Schloss Alterlaa, dessen Park einer der ersten dieser Art in Wien war, führt der Weg zum Schloss Altmannsdorf, einem ehemaligen großbürgerlichen Landhaus mit einem fürstlichen Garten. Durch die Wüste rund um die großen Einfallstraßen erreicht man das Schloss Hetzendorf, an dem fünf Stararchitekten des Barock ihre Handschrift hinterließen, wobei ausgerechnet ein intimer Raum, nämlich das Schlafzimmer von Maria Theresias Mutter, am kostbarsten ausgestattet wurde.

Gegenüber von **Schloss Alterlaa** steht die Miniaturausgabe eines Märchenschlosses. Drei Türmchen mit spitzen Dächern ragen aus der Burg aus Ton, die in einem Vorgarten auf dem Rasen steht. Wenige Meter entfernt, an der Kreuzung der Erlaaer Straße mit der Gregorygasse, der ehemaligen Schlossallee, preist ein Bauträger mit dem Slogan „Wohnen Am Schlosspark" Häuser für Große an. Und auch der „Schloss Coiffeur" nimmt mit seinem Namen Bezug auf das repräsentative Gebäude auf der anderen Straßenseite. Dessen Schmiedeeisenportal ist allerdings versperrt, der Park hinter hohen Mauern unsichtbar. Vielleicht ist es gerade das Verborgene, das die Fantasie der Menschen auf der anderen Seite der Erlaaer Straße anregt und im überwiegend nüchternen 23. Bezirk das eine oder andere Geschäft mit den Träumen ermöglicht.

Für Georg Adam Fürst Starhemberg, der Schloss Alterlaa 1766 kaufte und nach Plänen von Nikolaus von Pacassi umbauen ließ, dürften sich einige Träume erfüllt haben. Der englische Landschaftsgarten, einer der ersten dieser Art in Wien, war mit Fasanerie, Orangerie, Rundtempel, Grotte, künstlicher Ruine, Bassins, Kaskaden und Skulpturen bestens ausgestattet. Durch die Gitterstäbe des Tors an der Erlaaer Straße ist allerdings nur der Ehrenhof zu sehen, den erst Hans Ritter von Brenner anlegen ließ, nachdem er das Schloss 1918 gekauft und den Vordertrakt samt Kapelle demoliert hatte. Unangetastet blieb das um 1770 angefertigte filigrane Schmiedeeisengeländer der zweiläufigen Freitreppe mit den zarten muschelförmigen Ornamenten, wie sie typisch für das Rokoko sind.

Vorbei am Wohnpark Alt-Erlaa erreicht

Schloss Alterlaa

man den **Liesingbach,** dessen grüne Flanken ein lang gestreckter Landschaftsgarten für die rund 10.000 Bewohner der drei funktionellen Wohnschlösser aus den 1970er-Jahren sind. Nachdem man das begradigte Rinnsal überquert hat, stößt man an der Kreuzung der Auer-Welsbach-Straße mit der Kirchfeldgasse auf ein Grundstückchen, das liebevoll mit Blumen bepflanzt ist. Umrahmt von einem Ziergitter sieht es wie das bescheidene geistliche Gegenmodell zum weitläufigen weltlichen Park des Schlosses Alterlaa aus: Der verzierte Pfeiler unter dem Baum trägt eine **Pietà,** also eine Darstellung Marias als Schmerzensmutter mit dem Leichnam des vom Kreuz abgenommenen Jesus Christus im Schoß. Sie ersetzte 1851 an der heutigen Grenze zwischen 23. und 12. Bezirk eine ältere Marienstatue.

Auch im **Kleingartenverein Esparsette,** den man im Anschluss durchquert, hat jeder sein Gärtchen nach persönlichem Geschmack gestaltet – vielleicht ja auch mit jenen Esparsetten, die der Kolonie ihren Namen gaben. Allerdings sind die Schmetterlingsblütler keine für Ziergärten typischen Pflanzen, sondern wurden früher in großen Mengen als Futterpflanzen für schwer arbeitende Pferde angebaut.

Zwischen der Idylle der Kolonie und der des nächsten Schlosses holt einen die stark befahrene Kreuzung Altmannsdorfer Straße/Sagedergassee kurz auf den Boden der Realität zurück. Am **Khleslplatz** ist der Lärm der Autos verklungen. Der ursprüngliche Angerplatz um die zentrale Pfarrkirche hat sich sein dörflich-vorstädtisches Aussehen bewahrt. In einer Ecke versteckt

Marsyas

Schloss Altmannsdorf (Gartenfront)

sich hinter einem Eisenzaun und einem Tulpenbaum der Eingang des Karl-Renner-Instituts, der politischen Akademie der SPÖ, die seit 1978 im **Schloss Altmannsdorf** residiert. Sitz einer Adelsfamilie war das Gebäude allerdings nie. Ursprünglich ein Gutshof und ab dem 15. Jahrhundert von den Augustinern bewirtschaftet, ging es zu Beginn des 19. Jahrhunderts an den Fabriksdirektor Johann Baptist Hoffmann, der aus dem Gut ein großbürgerliches Landhaus machte. Während sich der schlichte Straßentrakt unauffällig in die Bebauung des Khleslplatzes einfügt, hat sich die Rückseite mit dem Giebel in der Mitte und der biedermeierlichen Freitreppe Eigenschaften eines Schlosses zugelegt.

Fürstlich ist auch der Garten. Hinter dem Schloss lässt eine Rasenfläche das Sonnenlicht einfallen. Im Schatten unter den ringsum stehenden Bäumen hat Efeu einen grünen Teppich ausgelegt. In einem Winkel sind die Blätter einen steinernen Sockel emporgeklettert, der außer ihnen nichts mehr trägt. Wie ein natürliches Fundament sieht der zweiarmige Stumpf einer alten Esche aus, die Äste und Laub für immer abgeworfen hat. 200 Jahre Regen, Schnee und Sonne haben die gusseiserne Haut einer Plastik in der Nähe des Hauses spröde gemacht, doch der Satyr Marsyas, der sich dem antiken Mythos nach mit seiner Kunst über Göttliches zu erheben versuchte und zur Strafe für diesen Hochmut bei lebendigem Leib gehäutet wurde, bläst ungeachtet der klaffenden Wunde an seinem Arm weiterhin in seine Flöte. Bacchus, der mit seinem Faun nur wenige Schritte entfernt steht, muss

Im Park von Schloss Altmannsdorf

sogar ganz ohne rechten Arm auskommen. Nur an dem Sandsteinlöwen, der aufrecht auf der steinernen Balustrade am Teich sitzt, scheint die Zeit spurlos vorbeigegangen zu sein.

Zwischen dieser und der nächsten Idylle erstreckt sich wiederum eine Asphaltwüste. Wo Altmannsdorfer und Breitenfurter Straße sie durchschneiden, hat die Ödnis der Einfallschneisen in die Stadt auch die Hetzendorfer Straße infiziert. Mit der Unterführung der Südbahnstrecke öffnet sich ein Tor in eine andere Welt: Die Fahrbahn wird schmäler, die Häuser rücken enger zusammen und jeder Schritt führt ein Stück weiter zurück bis zum Beginn des 18. Jahrhunderts, als die Hetzendorfer Straße im Bereich von **Schloss Hetzendorf** beidseitig verbaut wurde.

Auch viele Adelige ließen sich hier nieder. Während die Nähe zur (Innen)-Stadt heute noch gegeben ist, wichen die Wälder voller Wild im Lauf der Jahrhunderte Häusern voller Menschen. Auch Sigismund Graf Thun gefiel es so gut in dem kleinen Zeilendorf Hetzendorf, dass er Johann Bernhard Fischer von Erlach 1694 mit dem Bau eines Jagdschlösschens beauftragte. 1709 erwarb die Familie Liechtenstein zunächst den Thunhof und drei Jahre darauf die Grundstücke bis zur Hetzendorfer Straße, um das einstöckige Schloss zunächst von Johann Lucas Hildebrandt, später von Anton Ospel und Antonio Beduzzi ausbauen und durch einen Ehrenhof ergänzen zu lassen.

Der Dame, die das Schloss 1742 kaufte, war das noch nicht groß genug: Maria Theresia vervollständigte das Quintett der Barockarchitekten mit Nikolaus

Portal von Schloss Hetzendorf

von Pacassi, der wohl häufiger zwischen Schloss Hetzendorf und Schloss Schönbrunn hin- und hergefahren sein dürfte, um die Umbauwünsche der Monarchin hier wie dort zu erfüllen. Die Schönbrunner Allee konnte er dafür allerdings noch nicht nutzen: Als Fahrweg zwischen den beiden Schlössern wurde sie erst 1751/52 angelegt.

Der Umbau des vergleichsweise kleinen Schlosses Hetzendorf war für den Architekten vermutlich die leichtere Aufgabe. 1745 waren die Arbeiten beendet und Maria Theresias Mutter, die verwitwete Elisabeth Christine von Braunschweig-Wolfenbüttel (1691–1750), konnte die letzten Jahre ihres Lebens in standesgemäß ausgestatteten Sälen, Galerien und Zimmern verbringen. Vom runden Ehrenhof abgeschirmt, verbindet Schloss Hetzendorf elegant den scheinbaren Widerspruch zwischen Rückzug und Repräsentation. Ausgerechnet einer der intimsten Räume wurde am kostbarsten ausgestattet: In dem von Pacassi gestalteten chinesischen Zimmer legte sich Elisabeth Christine umgeben von einer Rosenholzverkleidung mit vergoldetem Rocailledekor und gerahmten Feldern mit chinesischen Lackbildern und Specksteinreliefs schlafen. Wie ein Wunder mutet es an, dass die Specksteinfiguren auf den Rokokokonsolen im Zweiten Weltkrieg nicht verloren gingen: Wie auch die kostbaren Wandverkleidungen aus Schönbrunn wurden sie im Salzbergwerk von Altaussee versteckt. Die Zeit im Untergrund hat den Figuren nichts von ihrer lebendigen Darstellung genommen. Reizvoll ist der Kontrast zwischen den zarten weißen Gesichtern der Menschlein und den grobschlächtigen schwarzen der Fabelwesen, auf dessen Rücken sie Platz genommen haben. Der ornamentale Parkettboden und die Türen vervollständigen ein Gesamtkunstwerk, bei dessen Anblick wohl nur Maria Theresias Mutter ihre Augen schloss. Auch im Festsaal, ebenfalls im zweiten Stock, aber hofseitig gelegen, sind die vom Fußboden bis hinauf zur Decke reichenden Fresken als Gesamtkunstwerk erhalten geblieben. Francesco Messenta schuf 1716/18 mit seinen gemalten Säulen, Nischen und Balustraden den prächtigen Rahmen für Apoll, die Stunden, die Jahreszeiten und viele andere Figuren von Carlo Innozenzo Carlone. Die Göttin Aurora findet sich auch im Deckenfresko der direkt unter dem Festsaal liegenden Sala terrena wieder, das Daniel Gran 1746/47 gemalt hat.

Prunkvolle Galerie

Laterne im Stiegenhaus

Wo man in seiner Fantasie Herren in Kniehosen, Spitzenhemden, Westen und Röcken sehen mag, die Damen in ausladenden Roben aus besticktem Taft zum Tanz führen, dreht sich auch lange nach der aufwendigen Mode des Rokoko alles um Kleidung. Während man die Festsäle und Galerien für Hochzeiten und andere Feste mieten kann, residiert in den angrenzenden Räumen und in einigen Zubauten seit 1946 die Modeschule Wien. Das stilvolle Ambiente des Schlosses dürfte die Kreativität ebenso beflügeln wie der **Garten,** auch wenn er nicht mehr ganz so groß und barock ist wie einst, als Kaiser Franz II. ihn für Feste mit ausgeklügelter Beleuchtung in ein Feenreich verwandeln ließ. Was als englischer Park erhalten blieb, ist zwar kein ganzes Reich mehr, aber immer noch weitläufig genug.

Die ehemaligen Gesindehäuser, Ställe und Wirtschaftsgebäude werden heute zum Wohnen und für Wirtschaften der anderen Art genutzt. Auch der **Gall-Hof** auf der anderen Seite der Hetzendorfer Straße war einst ein Wirtschaftshof der Familie Liechtenstein und beherbergt heute u. a. ein Restaurant. Bei passendem Wetter kann man in seinem kleinen Ehrenhof speisen, der von einem grün berankten Gitterzaun zur Schönbrunner Allee abgeschirmt wird. Wer dort auf den Bus Richtung Innenstadt wartet, hat eine gute Sicht auf den Mitteltrakt mit der zweiarmigen Steintreppe und die beiden Seitentrakte, die mit ihren Walmdächern eher biedermeierlich behaglich als prätentiös barock wirken, obwohl auch der Gall-Hof um 1742 im Besitz Maria Theresias war.

Wenn der Bus bei hohem Verkehrsaufkommen auf sich warten lässt, bleibt noch Zeit für einen Blick auf das 1836 erbaute biedermeierliche **Vorstadthaus** an der Straßenecke hinter der Haltestelle. Auf dem Schmiedeeisenbalkon über den Volutenkonsolen an der Hetzendorfer Straße mag Hugo Wolf das eine oder andere Mal frische Luft geschnappt haben: Während seiner Ausbildung am Konservatorium in Wien verbrachte der spätere Liedkomponist dort den Sommer 1876, als nur Kutschen und Pferdetramwaylinien durch Wien rollten und all die Autos, Busse und Straßenbahnen, die jetzt unter dem Balkon vorbeifahren, noch Zukunftsmusik waren.

Schlösser

- **Schloss Alterlaa,** Erlaaer Straße 54, 1230 Wien (privat, nicht zugänglich)
- **Schloss Altmannsdorf,** Khleslplatz 12, 1120 Wien, www. renner-institut.at (Dr.-Karl-Renner-Institut, nicht zugänglich, Blick in den Park vom Gartenrestaurant Altmannsdorf)
- **Schloss Hetzendorf,** Hetzendorfer Str. 79, 1120 Wien (Modeschule, zu besichtigen gelegentlich am Tag des Denkmals, vorderer Teil des Areals einschließlich des Ehrenhofs zugänglich) www.wien.gv.at/bildung/modeschule

Außerdem sehenswert:

- **Naherholungsgebiet Liesingbach**
- **Pietà,** Auer-Welsbach-Straße/Kirchfeldgasse, 1120 Wien
- **Altmannsdorfer Kirche,** Khleslplatz, 1120 Wien
- **Gall-Hof,** Schönbrunner Allee 66, 1120 Wien
- **Wohnhaus von Hugo Wolf,** Hetzendorfer Str. 90/Schönbrunner Allee 53, 1120 Wien

Rasten

- **Gartenrestaurant Altmannsdorf,** Hoffingergasse 26, Gourmetküche mit vorwiegend heimischen Produkten in der Orangerie des Schlosses (www.gartenhotel.com)
- **Restaurant Bierstöckl** und **Schlossheuriger,** Hetzendorfer Str. 79, Spareribs zum Bier oder Presswurst zum Gemischten Satz (bierstoeckl.at)
- **Ristorante-Pizzeria Tiziano,** Schönbrunner Allee 66 (gegenüber vom Eingang zum Schloss Hetzendorf), Tagesmenü und -pizza im Gall-Hof (www.tiziano.at)

Route

Art der Tour: Spaziergang (4,4 km)
Start: Schloss Alterlaa (Bus 60A, 66A)
Ziel: Schloss Hetzendorf (Straßenbahn 62, Bus 16A, 63A)

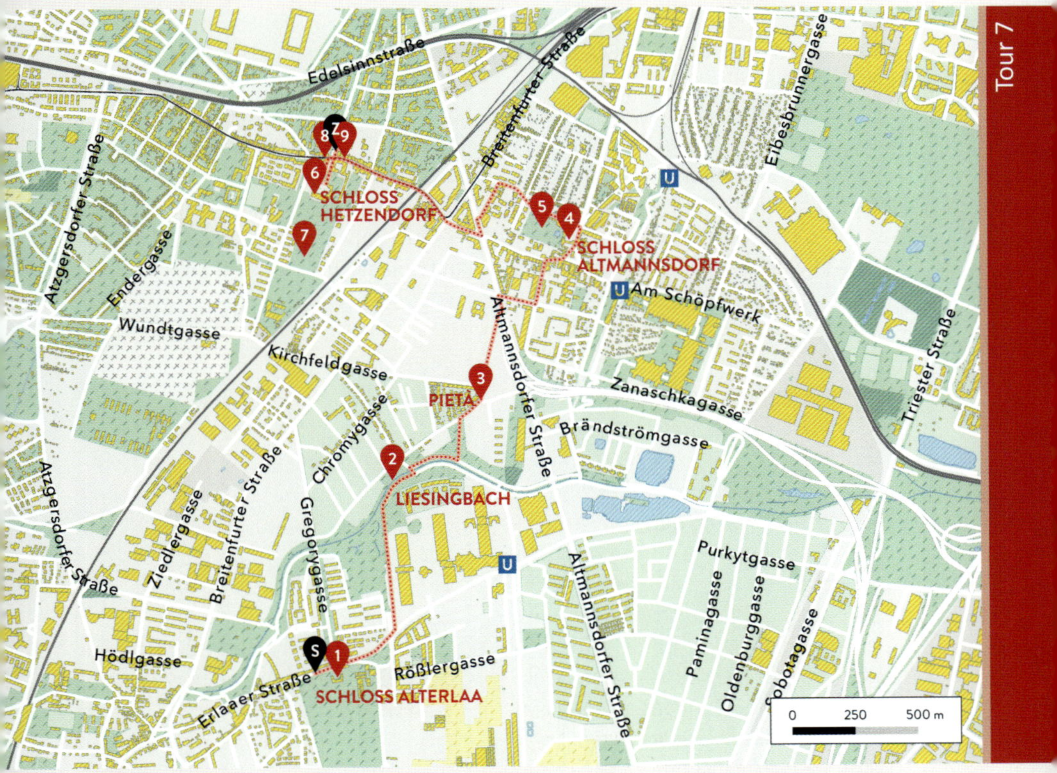

Erlaaer Straße von Schloss Alterlaa ❶ Richtung Wohnpark Alt-Erlaa, vor dem ersten Haus links in die Prausgasse, am Ende geradeaus über den Fußweg zum Liesingbach ❷, rechts zur Osrambrücke, hinter der Brücke rechts am Bach entlang, beim ersten Querweg (vor den Gewächshäusern) links, rechts in die Auer-Welsbach-Straße, bei dem Pfeiler mit der Pietà ❸ links in die Kirchfeldgasse, Esparsette-Weg, Altmannsdorfer Straße, rechts in die Sagedergasse, links in die Rothenburgstraße, rechts in die Hetzendorfer Straße, links in den Kheslplatz mit Schloss Altmannsdorf ❹ und seinem Garten ❺, Oswaldgasse, links in die Hoffingergasse, links in die Zöppelgasse, links in die Altmannsdorfer Straße und gleich wieder rechts in die Hetzendorfer Straße, bei Nr. 79 Abstecher nach links zum Schloss Hetzendorf ❻ mit Park ❼, im Anschluss Hetzendorfer Straße queren und wenige Meter geradeaus in die Schönbrunner Allee mit Gall-Hof ❽ und Sommerhaus von Hugo Wolf ❾

8 Alltag in alten Adelshäusern

Schloss Liesing | Schloss Rodaun | Hofmannsthal-Schlössl

Tour 8: Schloss Liesing, Schloss Rodaun und Hofmannsthal-Schlössl

Im Südwesten Wiens stoßen zwei sehr unterschiedliche Stadtteile aufeinander: Im Osten des 23. Bezirks das von Gewerbe geprägte Liesing, in dem das ehemalige Wasserschloss Oberliesing wie eine seltene Perle liegt. Und westlich des Aquädukts der I. Wiener Hochquellenwasserleitung Rodaun, dessen Ortsbild das als Schule genutzte Schloss und die Bergkirche durch ihre erhöhte Lage prägen. Wie beliebt das beschauliche Wohngebiet um die Wende vom 19. zum 20. Jahrhundert als Ausflugsziel und Wohnsitz von Künstlern war, zeigen das Hofmannsthal-Schlössl, direkt neben dem ehemaligen „Wirtshaus von Österreich“ gelegen, und das Gartengrundstück, auf dem Stefan Zweig zwei Sommer verbracht hat.

„Rettet den Liesinger Schlosspark“ hieß die Bürgerinitiative, mit der Bewohner gegen den Neubau eines Pflegeheims kämpften. Im 23. Bezirk mag so ein Engagement notwendiger erscheinen als anderswo: Mehr als die Hälfte Liesings ist als Baufläche ausgewiesen, allein knapp 20 Prozent sind Gewerbegebiet – ein Spitzenwert in Wien. Bei kulturellen, religiösen, sportlichen und öffentlichen Einrichtungen dagegen liegt Liesing mit nur 1,4 Prozent der Bezirksfläche ganz hinten im Vergleich.

Das neue Pflegeheim wurde trotz der Proteste gebaut, fügt sich mit seiner schlichten Form überraschend harmonisch in den Schlosspark ein und gefällt offenbar auch den betagten Bewohnern. Die moderne Architektur dient zudem einem Zweck, der im **Schloss Liesing** Tradition hat: Aus dem feudalen Wasserschloss wurde schon 1857 eine Pflege-, Heil- und Erziehungsanstalt. 1878 übernahm es die Gemeinde Wien und baute das Schloss mit einem neuen Versorgungsgebäude zu einem Altersheim aus. Seitdem 2013 das neue Heim bezogen wurde, ist Schloss Liesing also zugleich einer der traditionsreichsten und einer der modernsten Standorte kommunaler Altenpflege in Wien.

Nach dem Abriss des Versorgungsgebäudes hat man von der Perchtoldsdorfer Straße freien Blick auf das Schloss, das auf einen stattlichen mittelalterlichen Gutshof zurückgeht. Nachdem das Areal umgestaltet wurde, kann man im Schloss mit dem Standard des 21. Jahrhunderts wohnen oder zumindest Musikunterricht dort nehmen: In einem der Flügel, die sich mit dem von Zinnen gekrönten Torturm und der ehemaligen Ka-

Schloss Liesing

Aquädukt

pelle zu einem Schlosshof gruppieren, ist eine städtische Musikschule untergebracht.

Mit dem **Sommerbad** findet sich neben dem Schloss auch eine sportliche Einrichtung mit Tradition: Hinter dem monumentalen Gebäude, das die Schwimmbecken gegen die Perchtoldsdorfer Straße abschirmt, gehen die Liesinger schon seit den 1920er-Jahren baden. Noch länger fließt das Wasser über die mächtigen Bögen des **Aquädukts,** der das Tal der Liesing seit der Eröffnung der I. Wiener Hochquellenwasserleitung 1873 überspannt und in der Unteren Aquäduktgasse als imposante Schatten werfender Fahrbahnteiler fungiert.

In der Geschichte des **Friedhofs Rodaun,** der seit 1799 westlich des Aquädukts an der Leinmüllergasse liegt, findet sich ein kurioses Detail: Als 1941 in der ehemaligen Totenkammer des Friedhofes eine ständige Aufbahrung eingerichtet wurde, gab man einen elektrischen Anschluss zur Beleuchtung in Auftrag, weil Stearinkerzen „aus kriegswirtschaftlichen Gründen" so sparsam wie möglich verwendet werden sollten.

Als wolle er den Weg zum Wienerwald verkürzen, liegt der **Engelbert-Schliemann-Park** als kleine Oase westlich des Friedhofs zwischen Wohnhäusern und Straßen. Benannt wurde er nach einem ehemaligen Ortsvorsteher Rodauns. Die Statue im Park, ein barhäuptiger Bärtiger mit himmelwärts gewandtem Blick, zeigt allerdings einen Heiligen: Der römische Soldat Donatus soll während der Markomanneneinfälle an der Donau dem Verdursten nah gewesen sein und flehte inbrünstig um Regen. Beim prompt

Maria-Theresien-Villa im Park von Schloss Rodaun

einsetzenden Gewitter zerstörte praktischerweise ein Blitzschlag das Lager der Gegner. Nun wird Donatus als Patron gegen Unwetter, Hagel und Feuerbrunst angerufen.

Unter seinem Schutz gelangt man hoffentlich trocken und durch eine Rast beim Heurigen möglicherweise vor dem Verdursten bewahrt zum **Schloss Rodaun.** Bis hierher reichte der Arm des Heiligen offenbar nicht: Wo uns das Schloss statt seiner langen Geschichte zunächst seine Zukunft in Gestalt eines modernen Zubaus entgegenhält, stand schon einmal ein Trakt, der jedoch 1918 durch ein Feuer zerstört wurde. Damals war es schon 20 Jahre lang im Besitz der Schwestern von Sancta Christiana, die aus dem mittelalterlichen Anwesen der Herren von Rodaun eine Internatsschule machten.

Ein paar Stufen hinab, um zwei Ecken, Tür auf, Tür zu, wieder um zwei Ecken, ein paar Stufen hinab: Wer Schloss Rodaun besichtigt, bekommt zu spüren, dass es im Verlauf seiner bis ins 12. Jahrhundert zurückreichenden Geschichte mehrmals abbrannte und verwüstet wurde und mindestens ebenso oft wieder auf- und umgebaut wurde. Das ockergelbe Gebäude mit dem unregelmäßigen Äußeren kommt einem vor, als hätte es ein Kind an einem verregneten Nachmittag zwar planlos, aber äußerst kreativ aus Hunderten von Legosteinen gebaut.

Im Alltag verlangt so ein verwinkeltes Schulhaus viel Anpassungsfähigkeit. Der Festsaal etwa ist zugleich Turnsaal und Kapelle, wobei der Altar hinter einem Vorhang auf der Bühne steht. Dass Schüler und Lehrer aus ihrer ge-

Gartenfassade von Schloss Rodaun

Bergkirche Rodaun

schichtsträchtigen Umgebung das Beste machen, zeigt eine Urkunde für das Projekt „Es war einmal ein Schloss – My school is a castle“ im Aufenthaltsbereich. Die beiden Bilder neben der Urkunde zeigen die „Veste Rodaun“ 1672 noch mit Mauer und viergeschossigem Turm und den Wandel zum Wohnschloss 150 Jahre später.

Die Fenster zum Park tragen seit 1776 dicke Zöpfe. Der josephinische Zopfstil, wie Denkmalschützer die ausgefallene Frisur nennen, gilt als Rarität in Wien. Schloss Rodaun hat sie seinem damaligen Besitzer Joseph Edler von Stockhammer zu verdanken, der den Turm mit einer Gartenfassade im Stil des Frühklassizismus verblenden ließ.

Nicht nur das Schloss hat sich im Lauf der Jahrhunderte stark verändert, sondern auch die Umstände, unter denen es genutzt wird. Weil es den Schwestern von Sancta Christiana, einem Orden mit Mutterhaus im französischen Metz, an Nachwuchs mangelt, gründeten sie 1987 den ersten Schulverein Österreichs, der seitdem die Schulen, Tagesinternate und Kindergärten in Schloss Rodaun und an zwei anderen Standorten leitet. Nur noch zwei Schwestern leben auf dem Gelände des Schlosses, und zwar in der sog. **Maria-Theresien-Villa** am unteren Ende des Schlossparks, wo an einem Baum ein Schild mit der Aufschrift „Stillezone“ hängt.

Von ihren Fenstern blicken die Schwestern über eine Obstbaumwiese auf die **Bergkirche Rodaun,** die im Gegensatz zum Schloss aus einem Guss ist: Eleonore von Sauberskirchen hieß passenderweise die Besitzerin der Herrschaft Rodaun, die die Kirche von 1739 bis 1745

Grauer Salon mit Tischuhr

auf einem künstlichen Plateau von etwa zwölf Metern Höhe errichten ließ. Mächtige Fundamentpfeiler waren nötig, um den reinen Barock zu tragen, in dem heute viele Hochzeitspaare das angemessene Ambiente für den schönsten Tag im Leben sehen.

Die Hochzeit mit Gerty Schlesinger war auch für Hugo von Hofmannsthal der Anlass, nach Rodaun zu kommen – und dort bis zu seinem Tod 28 Jahre später wohnen zu bleiben. Im Jahr 1900 mietete das Ehepaar das später unter seinem Namen bekannt gewordene **Hofmannsthal-Schlössl** in der heutigen Ketzergasse 471. Bauherrin dürfte knapp 150 Jahre zuvor Caroline Fürstin von Trautson gewesen sein, die das Grundstück 1755 gekauft hatte. Später ein Geschenk Maria Theresias an ihre Obersthofmeisterin Maria Karoline Gräfin Fuchs, war es mit Stuckdecken aus dem 18. Jahrhundert, Fresken, Louis-seize-Möbeln und Gemälden stilvoll ausgestattet, als das Ehepaar Hofmannsthal einzog. Von seinen Gästen erwartete der Dichter allerdings mitunter vergeblich, dass sie das barocke Ambiente wertschätzten: So soll sich Rainer Maria Rilke, wie auch Arthur Schnitzler ein häufiger Gast im Schlössl, einmal darüber mokiert haben, dass das Ehepaar Hofmannsthal die wertvollsten Möbel wie in einem Museum hinter einem Absperrseil aufgestellt habe.

Auch den Kindern des Dichters dürfte es schwergefallen sein, sich an die strengen Hausregeln zu halten. Das grüne Samtpolster einer Louis-seize-Sitzbank ist tintenbekleckst und bekritzelt, doch was einst für Ärger im Hause Hofmannsthal sorgte, gilt heute als schützenwert: Jutta Czedik-Eysenberg, die jetzige Hausherrin, würde die Bank gern neu beziehen lassen, aber das erlaube das Denkmalamt nicht. Selbst Mutter dreier mittlerweile erwachsener Kinder, erinnert sich die Ärztin gut daran, wie anstrengend es war, die Kleinen nicht aus den Augen zu lassen, damit sie das Interieur nicht beschädigten. Heute führt die jüngste Tochter schon längst selbst stolz Besucher durch ihr Elternhaus.

Stilvolle Atmosphäre verbreitet bei so einem Rundgang bereits das helle Treppenhaus. Auf den Pfosten des weißen Steinbalustergeländers stehen große schmiedeeiserne Laternen, an den Wänden hängen Ölgemälde sowie verzierte Spiegel und in einer Ecke steht eine Figur des heiligen Johannes Nepomuk. Durch die Fensterscheiben aus mundgeblasenem Glas fällt der Blick in den besonnten, zum Wald hin ansteigenden Garten, den Katzen und Äskulapnattern gleichermaßen schätzen.

Das Salettl im verstecktesten Winkel des Gartens, in dem Hugo von Hofmannsthal im Sommer schrieb, sieht man vom Haus aus nicht. Im Winter bevorzugte der Dichter ein Kämmerchen neben dem Salon, der noch genauso aussieht wie zu seinen Lebzeiten: Wandfresken aus dem Jahr 1787 zeigen vermutlich die Marchauen, die gekreuzten Bänder der mit Stuck verzierten Decke sind typisch für den österreichischen Spätbarock. In der Ecke steht ein bemalter Kachelofen, zwischen zwei Fenstern ein Tischchen, das zwar so robust wirkt wie ein Wiener Kaffeehaustisch, dessen Platte aus Kalksburger Marmor aber sehr empfindlich ist – ein Glas Orangensaft sollte man dort nicht abstellen.

Eine Flügeltür führt hinüber in einen kleineren Raum, der nach seiner Wandfarbe Grauer Salon genannt wird. Dort hatte Hofmannsthal seine umfangreiche Bibliothek untergebracht. Für die Belegexemplare seiner eigenen Bücher hat Familie Czedik-Eysenberg ein passendes Regal bauen lassen. An ihren originalen Standort zurückgekehrt ist die Tischuhr: Ein in den USA lebender Enkel des Dichters hat sie der Familie geschenkt. „Er hatte einfach Angst, dass seine Putzfrau das wertvolle Stück herunterschmeißt“, erklärt Jutta Czedik-Eysenberg.

Apropos Putzfrau: Das Reinigen der unzähligen bleiverglasten Fenster ist eine langwierige Angelegenheit und

Wandfresken im Salon zeigen die Marchauen

auch sonst stellt das Leben in dem alten Schlössl spezielle Anforderungen an die Bewohner. Hauptproblem sei die Kälte durch zugige Fenster und Türen, sagt die Hausherrin: „Im Winter schlafen wir schon mal mit Wollhauben auf dem Kopf.“ Die Heizkosten sind immens: „Andere fahren in den Urlaub, wir heizen unser Haus.“

Um den Wind abzuhalten, der durch die Ritzen des alten Holzportals weht, hat Hofmannsthal zusätzlich eine von seinem Freund, dem Bühnenbildner Alfred Roller, entworfene Glastür einbauen lassen. In eine der Scheiben hat einer seiner beiden Söhne seinen Namen geritzt: „FRANZ“. Während das Bubenstück die Zeit überdauert, hat sich der Urheber mit 26 Jahren das Leben genommen – künstlerisch unbegabt, hatte Franz von Hofmannsthal im Leben nicht recht Fuß fas-

Gartenansicht des Hofmannsthal-Schlössls

sen können. Als Hugo von Hofmannsthal zur Beerdigung aufbrechen wollte, erlitt er einen Schlaganfall und starb nur zwei Tage nach seinem Sohn. Bestattet wurden beide nicht weit entfernt vom Hofmannsthal-Schlössl auf dem Friedhof Kalksburg.

Auf dem Weg dorthin sollte man noch zweimal innehalten, auch wenn der Zahn der Zeit sowohl am Gasthaus Stelzer als auch am Gartenpavillon Stefan Zweigs genagt hat. An das Gasthaus, das nur wenige Schritte entfernt vom Hofmannsthal-Schlössl anstelle eines ehemaligen Badehaues über einer schwefelhaltigen Thermalquelle errichtet worden war, erinnert außer einer Gedenktafel nichts mehr, obwohl das sog. „Wirthaus von Österreich“ um die Wende vom 19. zum 20. Jahrhundert einer der beliebtesten Treffpunkte der Wiener Gesellschaft war. Wo damals nicht nur die Gasthaus-, sondern auch die Gerüchteküche brodelte, steht seit 1966 eine schmucklose Wohnhausanlage.

Über ein Brücklein und die Fußgängerpromenade am anderen Ufer des Liesingbachs erreicht man die Haselbrunner Straße und legt damit einen Weg zurück, den auch Hofmannsthal öfter unternommen haben dürfte. Nr. 10 ist nämlich die ehemalige Adresse eines anderen Dichters, den Hofmannsthal gern besucht hat und der es von hier aus auch nicht weit zum Gasthaus Stelzer hatte: Stefan Zweig verbrachte die Sommer der Jahre 1916 und 1917 in Rodaun. Knapp 100 Jahre später wurde der kleine Pavillon als Abbruchobjekt klassifiziert und das schmale Grundstück stand zum Verkauf. Da-

Stiege hinauf in den Garten

Grab der Familie Hofmannsthal

mit war für Zweigs bescheidenen, um 1900 errichteten Sommersitz derselbe Weg vorgezeichnet wie für den einst nur durch eine Baumreihe abgetrennten Pavillon seiner damaligen Geliebten Friderike Maria von Winternitz. Was das Liebespaar hier genoss, ist ein Verkaufsargument geblieben: die absolute Ruhelage.

Etwas lauter wird es an der Breitenfurter Straße. Rechts liegt das **Marienheim** der Barmherzigen Schwestern vom heiligen Borromäus, links scheint es geradewegs in den Himmel hinaufzugehen: Die Eisenberggasse besteht aus unzähligen Stufen. Hat man sie bewältigt, wird man mit einem schönen Ausblick für das Konditionstraining belohnt.

Am Rand der Weinberge liegt der kleine **Friedhof Kalksburg.** Vorbei an sowjetischen Kriegsgräbern, Grabstätten jener Barmherzigen Schwestern, deren Heim man gerade gesehen hat, und letzten Ruhestätten von Jesuiten, die das Kollegium Kalksburg von 1856 bis 1993 geführt haben, führt der Hauptweg direkt auf das **Grab der Familie Hofmannsthal** zu: zwei Steinbänke rechts und links, in der Mitte am Boden eine steinerne, von nur einem schmalen Streifen Grün umrahmte Grabplatte und dahinter eine breite Wand aus Stein. Grabkerzen auf dem Boden flankieren zwei Verse, mit denen Hofmannsthal als knapp 20-Jähriger sein Gedicht „Manche freilich“ beendet hat: „Und mein Teil ist mehr als dieses Lebens/Schlanke Flamme oder schmale Leier.“

Schlösser

- **Schloss Liesing,** Perchtoldsdorfer Straße 6, 1230 Wien (privat/Musikschule, Schlosspark zugänglich)
- **Schloss Rodaun,** Willergasse 53–57, 1230 Wien, www.stachristiana.at (Schule)
- **Hofmannsthal-Schlössl,** Ketzergasse 471, 1230 Wien (privat, Besichtigung auf Anfrage möglich)

Außerdem sehenswert:

- **Städtisches Sommerbad Liesing,** Perchtoldsdorfer Str. 14–16, 1230 Wien
- **Aquädukt Liesing,** Untere Aquäduktgasse, 1230 Wien
- **Friedhof Rodaun,** Leinmüllergasse 1, 1230 Wien
- **Engelbert-Schliemann-Park** zwischen Leinmüllergasse und Ketzergasse, 1230 Wien
- **Bergkirche Rodaun,** Rodauner Kirchenplatz 2, 1230 Wien
- **Marienheim,** Breitenfurter Straße 511, 1230 Wien
- **Grab Hugo von Hofmannsthals,** Friedhof Kalksburg, Zemlinskygasse 26, 1230 Wien

Rasten

Weinbau Beranek, Ketzergasse 429, Backhendl, Surschnitzel oder das Tagesgericht mit Weinen aus dem 23. Bezirk (www.weinbau-beranek.at)

Weinbau Distl, Ketzergasse 457–459, beim „Mülli Distl“ floss ursprünglich neben Wein auch Milch (www.weinbau-distl.at)

Route

Art der Tour: Spaziergang (5,4 km)
Start: Bahnhof Liesing (Regionalzug, S-Bahn, Bus 60A, 61A, 62A, 64A, 66A)
Ziel: Rodauner Straße (Bus 60A)

Vom Bahnhof Liesing links über den Liesinger Platz, links in die Perchtoldsdorfer Straße zum Schloss Liesing ❶, hinter dem Sommerbad ❷ rechts in die Khekgasse, nach dem Unterqueren des Aquädukts ❸ links in die Pumgasse, vor dem Friedhof Rodaun ❹ rechts in die Leinmüllergasse, durch den Engelbert-Schliemann-Park ❺ zur Ketzergasse, links in die Schillerpromenade, rechts über die Brücke und den Fußweg durch die Wohnhausanlage zur Hochstraße, queren und geradeaus weiter durch die Kaltenleutgebner Straße, rechts in die Willergasse, vorbei am Schloss Rodaun ❻ zum Rodauner Kirchenplatz ❼, über die Stiege hinunter und unterhalb der Kirche zurück zur Willergasse, links in die Ketzergasse zum Hofmannsthal-Schlössl ❽, Liesingbach am Stelzersteig queren, links am

Promenadeweg am Bach entlang, rechts in die Haselbrunnerstraße, rechts in die Breitenfurter Straße zum Marienheim ⑨, links in die Eisenberggasse, rechts in die Zemlinskygasse, links in den Friedhof Kalksburg ⑩ bis zum Grab Hofmannsthals, zurück zur Zemlinskygasse und stadteinwärts zur Rodauner Straße, rechts zur Bushaltestelle

Josephinischer Zopfstil an der Fassade von Schloss Rodaun

9 Vom Schloss ohne Namen zum Schloss ohne Glanz

Schloss Neugebäude | Schloss Kaiserebersdorf | Schloss Thürnlhof

Tour 9: Schloss Neugebäude, Schloss Kaiserebersdorf und Schloss Thürnlhof

Es trägt auch noch nach Jahrhunderten seinen provisorischen Namen, wurde als Steinbruch für ein anderes Schloss genutzt und nie vollendet: Schloss Neugebäude nimmt nicht nur deswegen eine Sonderstellung in Wien ein, weil es heute im Industrie- und Gewerbebezirk Simmering steht. Das Renaissanceschloss und vor allem die große Gartenanlage sollten allein dem Vergnügen von Kaiser Maximilian II. und seinen Gästen dienen. Zum Wohnen nutzte der Bauherr dagegen das nahe gelegene Schloss Kaiserebersdorf. Bei einem Spaziergang durch den 11. Bezirk bewegt man sich nicht nur zwischen diesen beiden Polen einer kaiserlichen Lebenswelt, sondern lernt mit Schloss Thürnlhof auch noch ein Quartier Napoleons bei der Schlacht von Aspern kennen.

Schon die Bezeichnung „Neugebäude“, die nie von einem endgültigen Namen abgelöst wurde, verrät die Absicht hinter dem ehrgeizigen Vorhaben. Kaiser Maximilian II. (1527–1576), der nicht nur gegenüber dem Protestantismus, sondern auch gegenüber anderen zeitgenössischen Strömungen aufgeschlossen war, wollte sich mit dem Schloss vom Althergebrachten abgrenzen. Sein Faible für moderne Gartenarchitektur fand rund zwei Kilometer von seinem Schloss Kaiserebersdorf entfernt Ausdruck in einer prächtigen Anlage: Während sein Wohnschloss auf einer mittelalterlichen Burg fußt, sollte sein Gartenschloss ein „neues Gebäude“ werden.

Zu einem echten Projekt der Renaissance wurde **Schloss Neugebäude** auf zweierlei Weise: Zum einen hatte an seiner Stelle eine römische Villa gestanden, deren Steine wahrscheinlich für das Schloss verwendet wurden. Zum anderen war im Mittelteil eine große Säulenhalle nach antikem Vorbild vorgesehen, die allerdings nicht realisiert wurde. Die für die Zeit typischen Funktionen wie Lustgarten, Villa suburbana, Antikengalerie und Belvedere sollte das Schloss in einer einzigartigen Kombination vereinen.

Um Zweckmäßigkeit ging es offenbar weniger. Im Schloss habe es wahrscheinlich noch nicht einmal eine Küche gegeben, ist bei einer Führung zu erfahren, die der Verein zur Erhaltung und Revitalisierung von Schloss Neugebäude regelmäßig anbietet. Bei der Erkundung des dunklen Gemäuers werden Schlaglichter auf die höfische Welt der Renaissance geworfen, wobei Vorstellungskraft gefragt ist,

Schloss Neugebäude vom Unteren Garten aus gesehen

denn dem Schloss ist im Lauf der Jahrhunderte vieles abhandengekommen. Verschwunden sind z. B. die offenen, von Kuppeln gekrönten Säulengänge im oberen Stock, von denen der Blick weit über die kaiserlichen Jagdgebiete ging. Maria Theresia ließ die Säulen abtragen, um sie für die Gloriette zu verwenden, die im Park ihres Lieblingsschlosses Schönbrunn wie ein verkleinertes Abbild des ursprünglichen Schlosses Neugebäude steht (➤ Tour 3).

Die schöne Aussicht war das eine, die schöne Ansicht das andere: Das heute unauffällig graubraune, einst aber blendend weiße Gebäude war schon von weit her zu sehen, wie ein Ölgemälde zeigt, das Lucas van Valckenborch 1593 gemalt hat. Heute hängt es im Kunsthistorischen Museum. Durch einige Bäume im Vordergrund erblickt man in der Ferne die riesige Gartenanlage mit ihren Türmen, die durch Mauern verbunden sind, und dem 180 Meter langen, aber nur zehn Meter breiten Schloss einschließlich seiner noch vorhandenen Säulengänge.

Zwei Terrassen gliedern die Geländestufe zwischen dem Schloss und dem **Unteren Garten,** der 2010 ganz im Geist der Renaissance wiedergeboren wurde. In Anlehnung an den ursprünglichen Grundriss wurden Rasenspiegel und Wasserspiele angelegt und jene Pflanzen gesetzt, die zu Zeiten Maximilians II. weithin großes Aufsehen erregten – Tulpen und Flieder zum Beispiel. In den aus Holz geschnitzten Spielgeräten nehmen ehemalige Bewohner des Schlosses neue Gestalt an: Eine Giraffe als Schaukelgerüst sowie Löwen und Tiger zum Wippen erinnern an die Tiere, die hier einst zum Ergötzen der Menschen gehal-

Grotte

Saal mit Eingang zur Grotte

ten wurden. Dem vollbärtigen Kaiser, der mit wohlwollendem Lächeln auf die Menschen blickt, die heute in seinem Garten Unterhaltung und Entspannung suchen, kann man mit einer Drehung an dem mehrfach unterteilten Standbild ruck, zuck neue Kleider anziehen. Doch die Zeit, in der Maximilian II. seine prächtigen Feste im Oberen Garten gab, ist lang vorbei.

Wo heute der **Urnenhain der Feuerhalle Simmering** liegt, bildeten Türme und Arkadengänge einst einen passenden Rahmen für jene „Eventlocation", als die das Areal auch heute wieder genutzt wird. Während im dritten Jahrtausend Open-Air-Kino, Kabarett und Märkte Besucher anlocken, genossen die Gäste in der Renaissance von festlich dekorierten Tafeln in den Gängen den Blick auf den aufwendig bepflanzten und von Wasser durchflossenen Garten mit einem Brunnen aus weißem Marmor im Zentrum und auf das Unterhaltungsprogramm mit Musik, Tanz und Theater – der Kaiser war ein Fan der Commedia dell'Arte. Und am Ende so eines Festes bestaunten alle das Feuerwerk.

So viele Gartenfeste dürften es allerdings nicht gewesen sein, die Maximilian II. hier gab. 1576, also bereits acht Jahre nach Baubeginn, starb der Schlossherr. Sein Sohn Rudolf ließ die Arbeiten zwar fortführen, ein Herzensanliegen wie seinem Vater war ihm die Anlage aber nicht. Weil außerdem Ebbe in der Staatskasse herrschte, wurden die Bauarbeiten 1588 eingestellt.

Einerseits nie vollendet, wurde Neugebäude andererseits aber auch nicht wie so viele andere Wiener Schlösser bei der Zweiten Türkenbelagerung 1683 zer-

Blick von Schloss Neugebäude auf den Unteren Garten

stört. Die Belagerer verschonten es vermutlich deshalb, weil Süleyman II., der Befehlshaber der ersten Belagerung 1529, an dieser Stelle sein Lager gehabt haben soll.

Neben Schloss und Garten gehörten auch ein **Ballspielhaus,** ein **Pferdestall** und der **Löwenhof** zu diesem Freizeitpark der Renaissance. Während die letzten Tiere im 18. Jahrhundert aus dem Löwenhof in den Tiergarten Schönbrunn übersiedelten (➤ Tour 3) und das Ballspielhaus unter der militärischen Nutzung der Anlage litt, ist der Pferdestall gut erhalten, einschließlich der toskanischen Säulen und des Ziegelfußbodens, der einen Teppich imitiert. Weil Pferde damals leichter beschlagen waren, ist das Fischgrätmuster noch ebenso zu erkennen wie die Bordüre, von der es eingefasst ist. An der Ausstattung des Stalls war also nicht gespart worden, schließlich waren Pferde Luxusgüter.

Aber auch für die Säle im Erdgeschoss des Schlosses, dessen Nutzung heute durch das nur rund zehn Meter breite Gebäude erschwert wird, dürfte manche Kostbarkeit vorgesehen gewesen sein: Vermutlich wollte Kaiser Maximilian II. in Schloss Neugebäude seine Idee eines universellen Museums verwirklichen. An den westseitigen Saal schließt sich ein ganz besonderer Raum an. Nur ein paar Stufen geht es hinab, doch scheint man schon im Zentrum der Unterwelt angekommen zu sein: Das Gewölbe aus Bruchsteinmauerwerk mit kreisförmig angeordneten Pfeilern gilt als älteste erhaltene künstlich geschaffene **Grotte** nördlich der Alpen. Während früher schachtartige Fenster Licht in das Gewölbe sickern ließen, verbreiten nach dem Zumauern allenfalls die Kerzen, die für die Führung entzündet wurden, ein geheimnisvolles Dämmerlicht. Vielleicht wollte sich der Kaiser, der immer in der Öffentlichkeit stand, gelegentlich auf einem unterirdischen See in der Grotte entspannen – Boote hätten über die Rampe am Eingang zu Wasser gelassen werden können, eine Wasserleitung hat man auch gefunden.

Die „gerade mit Bäumen bepflanzte Allee“, die laut einer Beschreibung von 1585 Schloss Neugebäude mit Schloss Kaiserebersdorf verband, gibt es in dieser Form leider nicht mehr. In ihrem Namen nimmt die Kaiser-Ebersdorfer-Straße Bezug auf das Jahr 1499, in dem der römisch-deutsche König und spätere Kaiser Maximilian I. in den Besitz der Burg Ebersdorf kam, was zur Umbenennung in Kaiserebersdorf führte. Doch der ruhigere Weg zur ehemaligen Burg führt durch die Meidlgasse, die auf ihrer nördlichen Seite von mehrgeschossigen Häusern aus den 1970er-Jahren gesäumt wird. Der quadratische Betonbau bei Hausnummer 19, der auf den ersten Blick wie ein Verwaltungsgebäude aus den 1970er-Jahren aussieht, ist die katholische **Pfarrkirche Heiliger Klemens Maria Hofbauer,** die 1971/72 nach Plänen von Guido Gnilsen und Erich Eisenhofer erbaut wurde. Spitze Anbauten, die einen sternförmigen Grundriss ergeben, unterstreichen die spröde Ausstrahlung.

Während die Geschichte nördlich der Straße gerade einmal rund 50 Jahre zu umfassen scheint, erinnert der **Friedhof Kaiserebersdorf** auf der südlichen Seite der Meidlgasse an eine weiter zurückliegende Vergangenheit, auch wenn der Gottesacker ursprünglich nicht hier gelegen haben dürfte, sondern unmittelbar neben dem kaiserlichen Schloss rund um die heutige Pfarrkirche am Münnichplatz, also am Ziel dieses Spaziergangs. Seine spätere Lage außerhalb des Dorfes dürfte ihm jedoch das Schicksal jener innerhalb einer Ortschaft angelegten Friedhöfe erspart haben, die auf Anordnung Kaiser Josephs II. 1784 geschlossen werden mussten. Dass man sich hier, wo früher Auwälder wucherten, auch heute noch am Rande Wiens befindet und die Stadt noch nicht alle Spuren ländlichen Lebens getilgt hat, beweisen zwei Hühner, die die Fahrbahn kreuzen, um auf der Wiese hinter der Tankstelle nach Nahrung zu picken.

In der Schmidgunstgasse, einer ruhigen Wohnstraße nördlich der Kaiserebersdorfer Straße, sind nicht nur die Häuser ungleich kleiner als die Schlösser, zwischen denen sie stehen. Die steinernen Löwen, die auf den zwei Pfosten einer schmiedeeisernen Pforte sitzen, lassen mit ihrem Miniaturformat eher an Schoßhündchen als an den König der Tiere denken. Und die getigerten Katzen, die zwischen den Autos am Fahrbahnrand umherstreifen, könnten domestizierte Wiedergänger der Raubkatzen aus dem Löwenhof von Schloss Neugebäude sein. Während die wilden Tiere dort respektvoll bestaunt wurden, ist die „Warnung vor dem bisschen Hund“, die neben dem Bild eines Hundekopfs an einer Tür steht, nicht ganz ernst zu nehmen.

Freiwillig auf Abstand bleibt man zum **Schloss Kaiserebersdorf,** denn dieses einst von den Habsburgern gern genutzte Jagdschloss ist nun eines mit vielen Schlössern: Es wird seit 1929 als

Schloss Kaiserebersdorf

Gefängnis genutzt. Lange war es eine Jugendstrafanstalt, deren Ruf im Lauf der Jahrzehnte immer schlechter wurde. Nach dem Zweiten Weltkrieg war Gewalt an der Tagesordnung: Wer sein Arbeitssoll nicht erfüllte oder sich trotz Sprechverbots mit Mitgefangenen unterhielt, wurde teils mit Schlagstöcken verprügelt.

1952 kam es zu einem Aufstand mit mehreren Schwerverletzten. Aber erst rund 20 Jahre später wurde die Bundesanstalt für Erziehungsbedürftige geschlossen, nachdem Jugendliche der Gruppe Spartakus nachdrücklich auf die Missstände aufmerksam gemacht hatten. 1975 wurde das Schloss als Strafvollzugsanstalt Wien-Simmering eingerichtet, wobei besonderer Wert auf die Berufsausbildung der Gefangenen gelegt wird, von denen die meisten mittellange Strafen von bis zu zehn Jahren hinter den Schlossmauern verbüßen.

Als das Gefängnis in den 1990er-Jahren erweitert und das Schloss umgebaut wurde, stieß man bei Grabungen auf Reste der ehemaligen Befestigung: Der innere Wassergraben, der Zwinger, eine mit Türmen versehene Umfassungsmauer, eine Palisade und ein äußerer, früher von der Schwechat gespeister Wassergraben sind wohl schon um die Wende des 13. auf das 14. Jahrhundert angelegt worden.

All die Maßnahmen zur Befestigung reichten nicht aus, um das Schloss vor den Türken zu schützen. Wäre es während der zweiten Belagerung 1683 so gut gegen Eindringlinge gesichert gewesen, wie es das heute als Gefängnis gegen Ausbrecher ist, wäre es vielleicht nicht zerstört worden. Und hätten nicht

Schloss Kaiserebersdorf

Schlösser wie Schönbrunn Kaiserebersdorf aus der Gunst der Habsburger verdrängt, hätte es vielleicht noch länger jenen Rang behalten, den es im 16. Jahrhundert als Jagd- und Lustschloss hatte. Die Adeligen erlegten nicht nur wilde Tiere in den Auwäldern rund um das Anwesen, sondern stellten andere auch lebend zur Schau, um ihre Macht und ihren Reichtum zu demonstrieren.

Um 1550 wurde in Ebersdorf die erste europäische Menagerie eingerichtet, zu deren Bewohnern Löwen, Bären und ein legendärer Elefant gehörten. Im Winter 1551/52 brachte Maximilian II., der ursprünglich König von Spanien werden sollte, dann aber doch seinem Vater als Kaiser des Heiligen Römischen Reichs nachfolgte, einen geschenkten Elefanten aus Spanien über die Alpen nach Wien, der aber trotz eigens eingestelltem indischen Elefantenwärter nur eineinhalb Jahre überlebte. Seine ausgestopfte Haut blieb bis ins 20. Jahrhundert erhalten und seine zu einem Hocker verarbeiteten Knochen werden bis in die Gegenwart im Stift Kremsmünster in Oberösterreich aufbewahrt.

Bis heute erhalten blieb auch die Schlosskapelle „Maria Königin des Himmels“. Ihr barockes Stuckdekor aus den 1680er-Jahren gehört zu den wenigen verbliebenen Botschaftern aus der glanzvollen Zeit des Schlosses Kaiserebersdorf als Jagdresidenz der Habsburger. Ein Artgenosse des Doppeladlers mit Kaiserkrone in der Emporenöffnung findet sich über dem Hauptportal des Schlosses, wo er die Initialen von Kaiser Leopold I. trägt.

Gegenüber vom Hauptportal, also auf der anderen Seite des Münnichplatzes,

Kaiserebersdorfer Pfarrkirche

Schloss Thürnlhof

steht die Kirche jener Pfarre, die auch die Kapelle in der Justizanstalt betreut. Aus Sicht der Gläubigen weist die **Kaiserebersdorfer Pfarrkirche** eine Besonderheit auf: Seit der Mitte des 18. Jahrhunderts hängt am Hochaltar eine Kopie des Gnadenbilds von Maria Dorfen in Bayern. Die metallene Nachbildung eines Baums erinnert an die Geschichte dieses Bildes, das zunächst an einem Baum unweit der Pfarrkirche befestigt war und viele Pilger aus jenem Armenhaus anzog, das Maria Theresia 1745 im Schloss einrichten ließ. Geistliche und weltliche Macht berührten sich aber auch ein paar Meter östlich der Pfarrkirche: Der Baum mit der Kopie des Gnadenbilds soll damals zum Garten von **Schloss Thürnlhof** gehört haben. Das dreigeschossige ockergelbe Haus mit dem unregelmäßigen Grundriss ist zwar viel kleiner als Schloss Kaiserebersdorf, hat aber auch eine abwechslungsreiche Geschichte. Während der Schlacht von Aspern 1809 war es eines der Quartiere von Kaiser Napoleon. Der erschöpfte Feldherr soll dort nach verlorenem Kampf 36 Stunden lang durchgeschlafen haben. Später Zuckerfabrik (ab 1832), „Dampf-, Cakes- und Bisquitfabrik“ (ab 1874) und Gemeindeschule (ab 1877) knüpft der Thürnlhof, dessen Name von zwei Türmen oder eben „Thürnln“ stammt, heute an die Anfänge seiner Geschichte an: Kaiser Ferdinand I. (1503–1564) hatte das Anwesen 1562 seinem Koch Michael Pfeiffer geschenkt. Und gekocht wird in Schloss Thürnlhof viel: Seit 1989 dienen die Räume als Restaurant. Im Grenadierstüberl, im Napoleon-Salon oder auch zwischen den prächtigen Oleandern im Gastgarten vor dem Schloss werden Gerichte mit Geschichte serviert.

Schlösser

- **Schloss Neugebäude,** Otmar-Brix-Gasse 1, 1110 Wien, www.schlossneugebaeude.at (Veranstaltungszentrum, mit Führung zu besichtigen; Unterer Garten zugänglich)
- **Schloss Kaiserebersdorf,** Kaiser-Ebersdorfer-Straße 297, 1110 Wien (Justizanstalt)
- **Schloss Thürnlhof,** Münnichplatz 5, 1110 Wien (Restaurant)

Außerdem sehenswert:

- **Pfarrkirche Heiliger Klemens Maria Hofbauer,** Meidlgasse 19, 1110 Wien
- **Kaiserebersdorfer Friedhof,** Thürnlhofstraße 27, 1110 Wien
- **Kaiserebersdorfer Pfarrkirche,** Münnichplatz, 1110 Wien

Rasten

- **Hopfen & Malz,** Kaiser-Ebersdorfer-Straße 277, Spareribs, belegte Schwarzbrote und Knoblauchgewürztes wie das Dracula-Schwein (www.hopfenundmalz.at)
- **Café & Eissalon „Zur Alten Bank",** Kaiser-Ebersdorfer-Straße 332
- **Schlossrestaurant Thürnlhof,** Münnichplatz 5, Spezialität Backhendl (www.schlossrestaurant-thuernlhof.at)

Schloss Neugebäude: Im Unteren Garten ...

... und im ehemaligen Löwenhof

Route

Art der Tour: Spaziergang (4,6 km)
Start: Schloss Neugebäude (Bus 73A)
Ziel: Kaiserebersdorf Zinnergasse (Straßenbahn 6, Bus 71A, 73A, 76A, 79A, 79B)

Nemethgasse, rechts in die Otmar-Brix-Gasse bis zum Schloss Neugebäude ❶ mit Grotte ❷, Ballspielhaus ❸, Löwenhof ❹ und Pferdestall ❺ und zum Unteren Garten ❻, zurück in die Otmar-Brix-Gasse, Meidlgasse mit Pfarrkirche ❼ und Friedhof ❽, Kaiser-Ebersdorfer-Straße queren, Schmidgunstgasse, links in die Kaiser-Ebersdorfer-Straße, Zinnergasse queren, Hans-Paulas-Park, Kaiser-Ebersdorfer-Straße zum Schloss ❾, links Abstecher in die Brühlgasse, über Münnichplatz mit Pfarrkirche ❿ bis zu Nr. 5, Schloss Thürnlhof ⓫, zurück durch die Kaiser-Ebersdorfer-Straße zur Kreuzung Zinnergasse, links zur Einstiegsstelle der Straßenbahn

10 Mit Mammon und Musik

Maria-Theresien-Schlössl (Gersthofer Straße) I Maria-Theresien-Schlössl (Hofzeile) I Léhar-Schikaneder-Schlössl

Tour 10: Zwei Maria-Theresien-Schlössl und das Léhar-Schikaneder-Schlössl

Dass gleich mehrere kleine Schlösser in Wien nach Maria Theresia benannt sind, ist in mehr als einer Hinsicht verwirrend. Etwas Licht in die Geschichte der zwei Maria-Theresien-Schlössln in der Gersthofer Straße und in der Hofzeile versucht dieser Spaziergang durch den 18. und 19. Bezirk zu bringen. Auf den Spuren, die Ludwig van Beethoven in Heiligenstadt hinterlassen hat, erreicht man schließlich ein drittes Schlössl, dessen Name mit Sicherheit auf zwei frühere Bewohner verweist: Emanuel Schikaneder besaß Anfang des 19. Jahrhunderts jenes Schlössl in Nußdorf, das später mit Franz Léhar einem beliebten Komponisten des 20. Jahrhunderts gehörte.

Das schmale Haus ist zurückhaltend in Beige und Hellblau gestrichen. Über dem Eingang steht der Schriftzug einer Bank, die Fenster im Erdgeschoss sind mit Werbung beklebt. Noch einmal die Adresse überprüfen – doch, stimmt schon: Hier in der Gersthofer Straße 143 soll ein **Maria-Theresien-Schlössl** stehen. Hat dieses einstöckige Haus also einmal Maria Theresia gehört, die sonst selbst die größten Schlösser noch aufstocken und ausbauen ließ, weil sie ihr zu klein waren (➤ Touren 3, 5, 7, 11 und 14)?

Was Schlössl genannt wird, war vermutlich das Landhaus eines betuchten Bürgers. Errichtet um 1730/40, bietet es nun das repräsentative Entree für die nüchterne Zweigstelle einer Bankfiliale aus den 1960er-Jahren. Einst stiegen dort hinter dem Haus, wo eine Stiege hinauf zum festlichen Saal führte, die Gäste an Sommerabenden aus ihren Kutschen. Die Toreinfahrt, durch die die Wagen von der Gersthofer Straße hereinrollten, steht wie das Haus unter Denkmalschutz.

Heute liegt die Treppe hinauf in den ersten Stock im Inneren, wo noch deutlicher wird, wie klein dieses spätbarocke Sommerhaus ist. Der Platz reicht nicht einmal für einen Flur: Um oben vom Treppenabsatz an der einen Schmalseite zum quadratischen Raum an der anderen zu gelangen, benötigt man nur wenige Schritte durch den Saal im Zentrum, wo die Bank heute Spardosen und Geldtruhen ausstellt. Zwischen je vier Fenstern und den beiden Türen erzeugt Scheinarchitektur an Wänden und Decken zumindest den Eindruck von Weite und Höhe. Durch die gemalten Säulen fällt der Blick auf baum-

Maria-Theresien-Schlössl (Gersthofer Straße)

Scheinarchitektur im Festsaal

bestandene Landschaften, städtische Hausfassaden und sogar das Meer. Die ebenfalls gemalten Statuen in den Ecken stellen die vier Jahreszeiten dar, im Zentrum des Deckenhimmels schwebt Diana mit einem Gefolge aus Putten.

Um sich gegen winterliche Kälte abzuhärten, hatte die barbusige, von einem roten Tuch luftig umwehte Göttin der Jagd im Laufe der Jahrhunderte ausreichend Gelegenheit, denn eine Heizung gab es in diesem Sommerhaus nie. Im Rahmen einer Sanierung wurden jedoch Leitungen für Strom und Telefon verlegt, sodass der schöne alte Kronleuchter im Nebenraum des Saals jetzt elektrisch brennt. Schreibtisch, Sessel und Schreibmaschine stammen aus der Zeit kurz nach der Renovierung und sind inzwischen selbst zu Museumsstücken gereift.

Kein Sommerhaus, sondern einen Ruhesitz ließ sich Matthäus Lydl von Schwanau von 1736 bis 1739 ein paar Hausnummern stadteinwärts errichten. Nr. 127 wurde seine Wohnadresse, Nr. 129 ist seine letzte Ruhestätte: Weil er nicht nur solvent, sondern auch gottesfürchtig war, aber den weiten Weg zur Währinger Pfarrkirche scheute, stiftete Matthäus Lydl von Schwanau gleich nebenan eine Kapelle. Wobei er keineswegs nur an sein eigenes Seelenheil dachte: Die **Johannes-Nepomuk-Kapelle** stand allen Dorfbewohnern offen und wurde 1784 sogar Pfarrkirche von Gersthof, was ihr Stifter allerdings nicht mehr erlebte. Die mit seinem Namen versehene Grabplatte in der Kapelle ist auf 1749 datiert.

Dass man sich hier zwischen Scheibenberggasse und Erndtgasse nicht nur im alten Ortskern von Gersthof, sondern

Johannes-Nepomuk-Kapelle

1915 erbaute Mietvilla in der Peter-Jordan-Straße

auch im Tal des Währinger Bachs bewegt, der heute fast vollständig kanalisiert unter den Häusern hindurchfließt, bekommt man zu spüren, nachdem man gegenüber der Johannes-Nepomuk-Kapelle in den Hohenwarteweg eingebogen ist: Eine Stiege hilft, den steilen Anstieg zur Peter-Jordan-Straße zu bewältigen. Vorbei an Villen aus dem ersten Viertel des 20. Jahrhunderts würde man den **Friedhof Döbling** erreichen, wenn er auch an seiner Rückseite einen Eingang und nicht nur einen hohen Bretterzaun hätte. Dass Mammon auch bei der Planung dieses Friedhofs keine geringe Rolle spielte, lässt sich einem Kommentar der „Neuen Freien Presse“ am 24. Mai 1880 zur Bewilligung entnehmen: „Die Anlage von Friedhöfen in der Umgebung von Wien hat sich bei der ausgesprochenen Abneigung der Bewohner Wiens, ihre Todten auf dem Central-Friedhof zu begraben, als ein sehr rentables Geschäft für mehrere Vororte erwiesen, sodass einzelne derselben ihre Umlagen fast vollständig ersparen und aus der billigen Veräußerung von Grüften und Einzelgräbern an die Wiener einen reichlichen Gewinn ziehen konnten.“

Gegen ein größeres Budget hätte wohl auch die Universität für Bodenkultur nichts einzuwenden, deren Gebäude sich von Peter-Jordan-Straße bis hinunter zum Linnéplatz verteilen. Die Fahrbahn der Borkowskigasse, in die man hinter dem Friedhof einbiegt, ist von Anfang bis Ende mit den sog. „Baracken“ zugestellt. Ursprünglich als Provisorien gedacht, haben hier z. B. das Institut für Risikoforschung und die Zentren für

Globalen Wandel und Entwicklungsforschung, aber auch Mensa und Kindergarten Unterschlupf für mehr als ein Studentenleben gefunden.

Während die für Autos gesperrte Borkowskigasse mit den auf dem Asphalt aufgereihten Containern einer Baustelle ohne Bauwerk ähnelt, wirkt das Salettl in der Hartäckerstraße wie eigens für eine Rosamunde-Pilcher-Verfilmung entworfen. Das dunkle Rot des hölzernen Pavillons mit den weißen Sprossenfenstern findet sich auf den traditionellen Klappsesseln und -tischen im kiesbestreuten Gastgarten wieder. Fehlen nur noch Darsteller und Darstellerin jener stets scheinbar zufälligen, eigentlich aber von Amor arrangierten Treffen.

Wer keine Zeit für Romantik hat, kann die schöne Aussicht auch im Vorbeigehen genießen: Vom oberen Rand des **Hugo-Wolf-Parks** blickt man über Staudenbeete und Rosenbüsche auf den nordwestlichen Teil Döblings, den Wienerwald, das Donau- und das Krottenbachtal. Dann geht es den steilen Hang hinunter, für den die Häuschen des hübschen Wohnviertels rund um die Telekygasse ausreichend standfest sein müssen.

Nach der stark befahrenen Krottenbachstraße ist man dankbar für die Ruhe im Karl-Fellinger-Park, der einen schönen Fußweg zur Hofzeile bietet. Am einen Ende steht die 1829 errichtete **Döblinger Pfarrkirche,** am anderen eine kleine Kapelle, die ebenfalls einmal als Pfarrkirche im Gespräch war. Zwischen ihnen lag in dieser ältesten Häuserzeile Oberdöblings einst ein alter Gutshof, der Ende des 13. Jahrhunderts im Besitz der Tullner Dominikanerinnen war und im 15. Jahrhundert vom Stift Spital am Pyhrn genutzt wurde.

Nachdem der Spitaler Hof bei einem Brand 1529 zerstört wurde, kam der Grund Anfang des 18. Jahrhunderts an den Oberkriegskommissarius Stephan von Messa, der dort ein Landhaus mit Garten erbauen ließ. Dieses Haus soll Nikolaus von Pacassi zu einem Schlössl erweitert haben, das noch heute in der Hofzeile 20 steht. Ist die Planung durch Maria Theresias Haus- und Hofarchitekten ein Indiz dafür, dass es sich um ein echtes **Maria-Theresien-Schlössl** handelt, in dem sich die Regentin im Sommer inmitten von Weinbergen, Obstbaumwiesen und Feldern von ihren Regierungsgeschäften erholte?

Sicher ist, dass das Schlösschen, das im zweiten Drittel des 18. Jahrhunderts über seinen älteren Vorgängerbauten errichtet wurde, oft den Besitzer wechselte. Nathaniel Freiherr von Rothschild wandelte es Anfang des 20. Jahrhunderts in eine Nervenheilanstalt um. Mit Unterbrechungen durch die Weltkriege und die Nazidiktatur blieb es bis zum Anfang des nächsten Jahrtausends ein neurologisches Krankenhaus, das dann aus Platzgründen in das Otto-Wagner-Spital auf der Baumgartner Höhe übersiedelte. Die Zubauten des Krankenhauses werden heute ebenso wie ein neu errichteter Pavillon am Ende des Parks zum Lernen, Schlafen, Essen und manchmal auch zum Feiern genutzt: Knapp 300 zumeist osteuropäische Studierende streben in der Lauder Business School ihren Bachelor- oder Masterabschluss an. Gegründet wurde die Fachhochschule für Wirtschaft von Ronald Lauder, Sohn der amerikanischen Kosmetikunternehmerin Estée Lauder und ehemaliger US-Botschafter in Österreich. In dem U-förmigen Gebäu-

Maria-Theresien-Schlössl in der Hofzeile

de der ehemaligen Nervenheilanstalt wohnen rund 120 Stipendiaten. In der Mitte steht auf den Fundamenten des ehemaligen Badehauses ein graubrauner Quader, der Raum für eine Mensa und einen Hörsaal bietet. Weitere Seminarräume, die Bibliothek und eine Synagoge befinden sich in dem Anbau, der von der Hofzeile zu sehen ist. Er wurde Anfang des 20. Jahrhunderts errichtet, als das Schlössl zum Krankenhauskomplex ausgebaut wurde.

Im Schloss selbst mit den 1905 gekürzten Seitenflügeln des Ehrenhofs residiert heute die Verwaltung. Eine geschwungene Stiege mit original schmiedeeisernem Geländer führt zum Festsaal im Obergeschoss. Auf dem Deckengemälde liegt ein leicht bedeckter Galan einer in Rosa gewandeten Schönen zu Füßen. Das mythologische Liebespaar flirtet seit etwa 1870 mit einem Gefolge von Putten über den Köpfen der Gäste. Vom Balkon auf der Südseite blickt man auf die alten Bäume des Parks, mit deren Schatten der moderne Pavillon am Ende fast verschmilzt.

Die nach Wunsch ihres zahlungskräftigen Stifters in allen Details hochwertigen Um- und Neubauten sind von der Hofzeile aus nicht zu sehen, dafür aber wenige Schritte weiter das **Kloster der Schwestern vom Armen Kinde Jesu** mit der großen, 1886 erbauten Basilika auf der Westseite. Älter ist die Kapelle an der Ecke Hofzeile/Döblinger Hauptstraße, die wie jene in der Gersthofer Straße ebenfalls Johannes Nepomuk geweiht wurde. Damit offenbart sich bei diesem Spaziergang nicht nur der Einfluss solventer Stifter auf die Monumental- und Sakralbauten Wiens, sondern auch der

Setagaya-Park

des Kults um den Märtyrer, der im Barock so etwas wie ein Staatsheiliger des Habsburgerreichs war. Um die aus Verehrung errichteten Gebäude zu erhalten, fehlt im 21. Jahrhundert jedoch nicht selten das Geld. Von den Mauern der barocken Kapelle an der Döblinger Hauptstraße fällt der Putz, die Fensterrahmen sind verwittert, die Fensterscheiben über der Tür zerbrochen.

Vorbei am **Setagaya-Park,** einem japanischen Garten Eden, der zu einer meditativen Rast einlädt, und zwischen den Rückseiten der Zentralanstalt für Meterologie und Geodynamik und des Stadions Hohe Warte erreicht man den **Heiligenstädter Park,** der mit seinem Denkmal für Ludwig van Beethoven auf die nächste Etappe einstimmt. Etwa dort, wo der Komponist mit umwölkter Stirn in die Ferne schaut, befand sich einst ein Bad, das von einer mineralhaltigen Quelle gespeist wurde. Wegen ihrer Heilkraft lockte sie viele Prominente des Wiener Kulturlebens an, unter ihnen Beethoven, der sich eine Besserung seines Gehörleidens erhoffte. Weil er zwar immer wieder kam, dabei aber in verschiedenen Häusern wohnte, hängen in mehreren pittoresken Gassen des Weinortes Gedenktafeln.

Wenn die Glocken von **St. Michael** läuten und ein Trauerzug die Kirche am Fuß des Heiligenstädter Parks verlässt, um vorbei an der **Bruno-Kreisky-Villa** in der Armbrustergasse zum Heiligenstädter Friedhof zu ziehen, klingt die Tonaufnahme von Beethovens Heiligenstädter Testament noch verstörender. In der kleinen **Beethoven-Gedenkstätte** in der Probusgasse ist zu hören, was der Komponist 1802 als erst 32-Jähriger an seine Brüder

Beethoven-Denkmal im Heiligenstädter Park

schrieb: In dem nie abgeschickten Brief klagt er sein Leid aufgrund seiner fortschreitenden Taubheit, das in Suizidgedanken mündete. Dass gerade er, der für die Musik lebte, unaufhaltsam aus der Welt der Töne verdrängt wurde, war das eine. Dass er sich mit seinem Kummer seinen Mitmenschen, die ihn wegen seines finsteren Gesichtsausdrucks mieden, nicht mitteilen konnte, weil sie dann seine Kompetenz als Komponist angezweifelt hätten, war das andere. Während das Glockenläuten die beiden kleinen Räume des Museums erfüllt, wird einem bewusst, das Beethovens Leistung als Komponist unter diesen widrigen Lebensumständen umso höher einzuschätzen ist – und dass er sich nicht nur mit Noten, sondern auch mit Worten trefflich auszudrücken verstand.

In Kontrast zur eremitenhaften Abgeschiedenheit der Gedenkstätte steht die Geselligkeit der Heurigen. Während es heute als eher unwahrscheinlich gilt, dass Beethoven tatsächlich in der Probusgasse gewohnt hat, verbrachte er am **Pfarrplatz,** wo Heiligenstadt am dörflichsten ist, im Jahr 1817 zwei Monate. Im Juni desselben Jahres zog er weiter in ein **Winzerhaus** in der Kahlenbergerstraße 26. Mit seiner schön herausgeputzten, reich verzierten Fassade schaut es womöglich noch schicker aus als zu der Zeit, in der Beethoven als Gast des Nußdorfer Bürgermeisters Greiner in dem herrschaftlichen Gebäude wohnte.

Vorbei an Winzerhöfen, deren Baukerne zum Teil aus dem 14. Jahrhundert stammen und die auch heute noch weitgehend ihrem ursprünglichen Zweck dienen, erreicht man die Hackhofergasse. Auch hier stehen Winzerhäuser und dörfliche Wohnhäuser, dazwischen aber markante Gebäude wie das **Brauhaus** im ehemaligen Kollegium des Jesuitenordens, in dem ab 1819 Bier gebraut wurde. Die Nußdorfer Brauerei nutzte später auch den nahe gelegenen ehemaligen **Freihof,** in dem sich diverse geistliche und weltliche Besitzer auch dem für die Gegend typischen alkoholischen Getränk widmeten: Der Kern des monumentalen Hauptgebäudes entlang der Hackhoferstraße stammt aus der Zeit um 1600, die weitläufigen Kellereien wurden um 1800 angelegt.

Neben dem imposanten Freihof gleicht das **Léhar-Schikaneder-Schlössl,** das in seiner heutigen Gestalt 1737 erbaut wurde, einem verspielten Kind, dem die in Pastelltönen bemalte Fassade rosige Bäckchen verleiht. Ein paar Stufen füh-

Léhar-Schikaneder-Schlössl (Straßenansicht)

ren hinunter zum Tor, durch das man in den Innenhof des zweigeschossigen Baus tritt. Vor steinernen Reliefs blühen Kübelpflanzen, die einen Vorgeschmack auf den schönen Garten hinter dem Schlössl geben.

Im Festsaal im ersten Stock gibt das Deckenfresko einen Hinweis auf den ersten der beiden Besitzer, die mit dem Musiktheater erfolgreich waren: Die Königin der Nacht lässt sich in einem Muschelwagen von zwei Vögeln ziehen, während von der Wolke unter ihr der Mohr Monostatos hinaufsieht. Wolfgang Amadeus Mozarts Oper „Die Zauberflöte" war der größte Erfolg des Librettisten, Sängers, Schauspielers und Theaterdirektors Emanuel Schikaneder (1751–1812). Ein originaler Theaterzettel in einem goldgerahmten Schaukasten erinnert an die Premiere am 30. September 1791 im Freihaustheater auf der Wieden, bei der der Textdichter selbst den Vogelfänger Papageno spielte. Mit der „Zauberflöte" verdiente Schikaneder so viel Geld, dass er mithilfe des Kaufmanns Bartholomäus Zitterbarth das Theater an der Wien erbauen und sich 1802 das Barockpalais in Nußdorf kaufen konnte. Nach der kriegsbedingten Geldentwertung 1811 konnte er es jedoch nicht länger halten. Verarmt und geistig verwirrt starb er in Wien-Alsergrund.

Die Fotos, Gemälde, Programmzettel, Kostüme, Ehrenringe und Skulpturen im Festsaal erinnern aber nicht nur an Emanuel Schikaneder, sondern auch an den zweiten Musiker, der hier wohnte: Franz Léhar (1870–1948) kaufte das Schlössl 1932 und schrieb dort u. a. die Ouvertüre seiner Operette „Die lustige Witwe". Das wenige, was geblieben ist, habe sein

Mauer mit Reliefs

Bruder mühsam zusammengetragen, erzählt Hermine Kreuzer, die Anton Léhar bis zu seinem Tod 1962 gepflegt und das Schlösschen von ihm geerbt hat. Einige Ausstellungsstücke erinnern auch an den Sammler selbst, der mit einer militärischen Karriere einen vollkommen anderen Weg als sein Bruder eingeschlagen hat: In einer Vitrine in der einen Ecke des Festsaals liegen Auszeichnungen wie der Militär-Maria-Theresien-Orden in Reih und Glied. Und in der Ecke gegenüber steht die aufwendig verzierte Sänfte, mit der sich der exzentrische Schikaneder zu seinen Vorstellungen tragen ließ.

Von den Fenstern blickt man in den **Garten** hinter dem Schlössl, der nicht nur dank des rund 100 Jahre alten, im Herbst goldgelb leuchtenden Ginkgo-Baums ein kleines Paradies ist. Auf der Terrasse, die von einer steinernen Balustrade gesäumt wird, blühen Geranien in Rot und Rosa. Eine Freitreppe führt hinab zu einem Rosenbeet, hinter dem sich die von Büschen umrahmte Rasenfläche ausbreitet. Die Ziegelmauer am Grundstücksrand wird durch alte Reliefs zum Kunstwerk. Hohe, von Efeu bewachsene Nadelbäume tauchen ein rundes Brunnenbecken in grünes Licht. Ein stämmiger Putto lässt sich auf dem moosüberwucherten Felsbrocken in der Mitte des Bassins vom Strahl der Fontäne beregnen. Allegorische Frauengestalten blicken nachsichtig an ihm vorbei in eine Welt jenseits des Gartens. Am liebsten würde man sich auf der hölzernen Liege in der Mitte der Rasenfläche ausstrecken, um im Schatten der alten Bäume gänzlich in die verwunschene Atmosphäre einzutauchen. Aber viele Mußestunden dürfte auch die Besitzerin dort nicht

Ausstellung im Festsaal

Stiegenhaus im Léhar-Schikaneder-Schlössl

verbringen, denn Garten und Haus sind liebevoll gepflegt.

Die einst offene Halle im hinteren Trakt des Schlössls, deren Deckenfresko Fortuna zeigt, ist heute ein geschlossenes Treppenhaus. Hinter einer der Türen des vierseitig umbauten Hofs verbirgt sich noch ein barockes Relikt: Die 1784 geweihte Kapelle ist zwei Stockwerke hoch und damit viel höher als breit. Gigantische Statuen des heiligen Joseph und des heiligen Antonius von Padua machen Besuchern den ohnehin knappen Platz streitig. Wer wie der Tenor Richard Tauber 1936 unter dem Deckenfresko der Heiligen Dreifaltigkeit heiraten möchte, muss den Großteil der Hochzeitsgesellschaft vor der Tür lassen. Der festlichen Stimmung in diesem von Musik durchdrungenen Schlössl dürfte das jedoch keinen Abbruch tun.

Schlösser

- **Maria-Theresien-Schlössl,** Gersthofer Straße 143, 1180 Wien (Museum der Erste Bank AG, Besichtigung auf Anfrage)
- **Maria-Theresien-Schlössl,** Hofzeile 18–20, 1190 Wien, www.lbs.ac.at (Lauder-Business-School)
- **Léhar-Schikaneder-Schlössl,** Hackhofergasse 18, 1190 Wien (privat, Besichtigung von Kapelle, Innenhof, Treppenhaus, Festsaal und Garten auf Anfrage)

Außerdem sehenswert:

- **Johannes-Nepomuk-Kapelle,** Gersthofer Straße 129, 1180 Wien
- **Friedhof Döbling,** Hartäckerstraße 65, 1190 Wien
- **Hugo-Wolf-Park** zwischen Hartäckerstraße und Krottenbachstraße
- **Döblinger Pfarrkirche,** Kardinal-Innitzer-Platz 1, 1190 Wien
- **Kloster der Schwestern vom Armen Kinde Jesu,** Hofzeile/Döblinger Hauptstraße, 1190 Wien
- **Setagaya-Park,** Hohe Warte 8, 1190 Wien
- **Heiligenstädter Park** zwischen Hallenbad Döbling und Grinzinger Straße, 1190 Wien
- **Heiligenstädter Pfarrkirche St. Michael,** Hohe Warte 72, 1190 Wien
- **Bruno-Kreisky-Villa,** Armbrustergasse 15, 1190 Wien
- **Erinnerungsstätten für Ludwig van Beethoven** in Heiligenstadt und Nußdorf: Probusgasse 6 (Museum), Pfarrplatz 2 (Heuriger) und Kahlenberger Straße 26, 1190 Wien
- **Brauhaus und Freihof,** Hackhofergasse 9 und 14, 1190 Wien

Route

Art der Tour: Spaziergang (7,3 km)
Start: Gersthofer Straße/Scheibenbergstraße (Straßenbahn 41)
Ziel: Nußdorf (Straßenbahn D)

Gersthofer Straße stadteinwärts zu Maria-Theresien-Schlössl ❶ und Johannes-Nepomuk-Kapelle ❷, links in den Hohenwarteweg, rechts in die Peter-Jordan-Straße, hinter dem Friedhof Döbling ❸ links in die Borkowskigasse, rechts in die Hartäckerstraße, oberhalb der Geländestufe durch den Hugo-Wolf-Park ❹, hinter dem Park links in die Telekygasse, links die Stiege hinunter zur Krottenbachstraße, rechts stadteinwärts, hinter der S-Bahn-Strecke links durch den Karl-Fellinger-Park, rechts in die Billrothstraße, über den Kardinal-Innitzer-Platz mit Pfarrkirche Döbling ❺ in die Hofzeile zum Maria-Theresien-Schlössl ❻, links in die Döblinger Hauptstraße mit Kloster ❼, Hohe Warte und Setagaya-Park ❽, rechts in die Gallmeyergasse, links in die Klabundgasse, Karl-Decker-Weg, Stürzergasse, rechts durch die Toranlage in den Heiligenstädter Park ❾, links hinunter zum Beethoven-Denkmal ❿, weiter westwärts zur Heiligenstädter Pfarrkirche ⓫, Grinzinger Straße queren, Armbrustergasse mit Bruno-Kreisky-Villa ⓬, rechts in die Probusgasse mit Beethoven-Gedenkstätte ⓭, Pfarrplatz ⓮, links in die Eroicagasse, rechts in die Hammerschmidtgasse, links in die Traminergasse, rechts in die Kahlenbergerstraße zum Winzerhaus ⓯, links in die Greinergasse, links in die Hackhofergasse mit Brauhaus ⓰ und Freihof ⓱ bis zum Léhar-Schikaneder-Schlössl ⓲, zurück zur Greinergasse, links zum Nußdorfer Platz

Rasten

- **Piroschka,** Gersthofer Straße 140, ungarisches Restaurant (www.piroschka.at)
- **Salettl,** Hartäckerstraße 80, Jugendstilpavillon im romantischen Gastgarten
- **Hofzeile 27,** ebenda, „private dinner“ mit vorab gebuchtem Menü und So „private brunch“ (www.hofzeile27.at)
- **Heurige** in Heiligenstadt und Nußdorf
- **Nußdorfer Café,** Greinergasse 44, Frühstück, Mehlspeisen und „Nussdorfer Schwarzbrottoast“ (www.nussdorfercafe.at)

11 Vom Wiederbringen unwiederbringlicher Dinge

Laxenburg mit Blauem Hof, Franzensburg und Altem Schloss | Schlosspark

Tour 11: Laxenburgs Schlösser: Blauer Hof, Franzensburg und Altes Schloss

Laxenburg ist vor allem durch seinen historischen Landschaftsgarten bekannt. Die rund 250 Hektar große Anlage etwa 17 Kilometer südlich von Wien zählt zu den bedeutendsten Europas. Zu einem Park von diesem Rang passt, dass mehr als ein Schloss dazugehört: Der Blaue Hof flankiert mit seinen weitläufigen Trakten wie ein barockes niederösterreichisches Straßendorf den Eingang zum Park. Inmitten des Schlossteichs thront die neugotische Franzensburg. Und heute ein wenig an den Rand gerückt ist das Alte Schloss, obwohl in diesem einst von einem Wassergraben umgebenen Jagdschloss die Wurzeln Laxenburgs liegen.

Wie zu Kaisers Zeiten gelangt man heute leider nicht mehr nach Laxenburg. Die Bahnstrecke von Mödling, auf der Franz Joseph I. seine Sommerresidenz erreichte, wurde nach dem Zweiten Weltkrieg endgültig eingestellt. Heute halten nur noch Busse am **Kaiserbahnhof,** der um die Mitte des 19. Jahrhunderts errichtet wurde und einer der ältesten noch erhaltenen Biedermeierbahnhöfe Europas ist. In der lachsfarbenen Halle riecht es schon lange nicht mehr nach dem Rauch von Dampflokomotiven, sondern allenfalls nach gegrillten Meeresfrüchten. Genutzt als Werkstatt, Fabrik, Reit- und Tennishalle oder auch überhaupt nicht, dient der Kaiserbahnhof nach einer Renovierung um die Jahrtausendwende als Restaurant und Veranstaltungszentrum.

Auch die kleine Grünanlage auf der anderen Seite vom **Franz-Joseph-Platz** heißt nur noch Eisenbahnerpark. An den Kaiser, der wie die Züge schon lange nicht mehr nach Laxenburg kommt, erinnert eine Bronzebüste, die Franz Weghaupt 1908 zum 60-jährigen Regierungsjubiläum anfertigte.

Mit den Regenten versiegte auch der Strom der Adeligen, die – betraut mit dem einen oder anderen kaiserlichen Amt – die Nähe zum Hof auch im Sommer nicht missen mochten. Einer von ihnen war Ferdinand Wilhelm Eusebius Fürst zu Schwarzenberg (1652–1703), der sich um die Wende des 17. auf das 18. Jahrhundert jenes Palais erbauen ließ, das den Eisenbahnerpark auf der östlichen Seite begrenzt. Die große Kirche, die das Palais Schwarzenberg zum Schloßplatz hin dominiert, scheint eben-

Blauer Hof

falls in der Barockzeit errichtet worden zu sein. Tatsächlich aber wurde sie erst im 20. Jahrhundert im passenden Stil ergänzt, nachdem sich das weltliche in ein geistliches Haus verwandelt hatte: 1912 hatten die Kreuzschwestern das **Palais Schwarzenberg** erworben, um daraus ein Kloster zu machen. Rund 20 Jahre später übernahmen sie auch das benachbarte Palais Kaunitz, das Maria Theresias langjährigem und einflussreichen Staatskanzler Wenzel Anton von Kaunitz-Rietberg (1711–1794) gehörte.

Der **Schloßplatz** mit seinen historischen Gebäuden wie **Doktorhaus, Apothekerhaus** und **Rathaus** scheint noch heute davon zu sprechen, dass Maria Theresia manche Unterredung mit Kaunitz während dessen 41-jähriger Amtszeit auch in Laxenburg geführt haben dürfte. Wenn statt der Autos Kutschen über das Pflaster rumpeln und die Besucher statt Baseballkappen weiß gepuderte Perücken tragen würden, wären die wesentlichen Unterschiede zur Blütezeit des höfischen Lebens im 17. und 18. Jahrhundert bereits getilgt.

Eine Schöpfung des Barock ist auch die **Pfarrkirche Kreuzerhöhung.** Weil sie auf einer Terrasse steht, wirkt ihr Turm noch höher. Bis sie komplett war, dauerte es rund 100 Jahre: Der Zentralbau in Form eines Kleeblatts wurde Ende des 17. Jahrhunderts errichtet, Turm und Fassade kamen 1724 bis 1739 hinzu, die Terrasse wurde Ende des 18. Jahrhunderts ergänzt. Von ihr blickt man wie die vier Statuen der Evangelisten auf der Balustrade hinüber zum **Blauen Hof.** Seinen Namen erhielt dieser von der Familie Ploenstein (Blauenstein), die den Ansitz um 1600 besaß. Sein heutiges Aussehen

Franzensburg von oben

aber verantworten spätere Besitzer wie der Reichsgraf von Schönborn und Maria Theresia, die Johann Lucas Hildebrandt und Nikolaus von Pacassi mit großzügigen Ausbauten beauftragten.

Statt wie sonst oft in die Höhe (➤ Touren 3 und 14) ließ Maria Theresia in Laxenburg in die Breite bauen und machte aus dem Schloss auf diese Weise zugleich eine repräsentative Zufahrt zum Park. Durch einen Gang wurde das Wohnschloss, das in der Gegenwart ein Institut beherbergt, mit dem Speisesaaltakt und dem Theatertrakt verbunden. Doch noch bevor Pacassi seinen Umbau abgeschlossen hatte, starb Kaiser Franz I. Stephan und damit auch Maria Theresias Lust auf große Festlichkeiten.

Generationen später werden in dem prunkvollen **Speisesaal,** in dessen Scheinkuppel Putti Falken jagen, gern wieder Hochzeiten und andere Feste gefeiert. Für große Gesellschaften können außer dem ovalen Saal mit ebenerdigem Ausgang zum Schlosspark auch die beiden angrenzenden Marschallzimmer beim Conference Center Laxenburg gemietet werden.

Während der Speisesaaltrakt nach einer Renovierung wieder spätbarocken Charme ausstrahlt, als habe es nie ein 20. Jahrhundert mit einer Besatzungszeit gegeben, in der der Blaue Hof eine Kommandostelle der Roten Armee war, ist das 1753 erbaute **Theater** von den 1980er-Jahren gezeichnet: Um es als Saal für internationale Konferenzen nutzen zu können, wurde eine Seite der ehemaligen Bühne mit Kabinen für Dolmetscher zugebaut. Auf der einstigen Bühne finden bis zu 350 Zuhörer Platz, während es für die Redner ein Podest im ehemaligen Zuschauerraum gibt, direkt unter der großen kaiserlichen Loge, von der aus Maria Theresia ihren Kindern beim Bühnenspiel zusah. Vom ehemaligen Flair des intimen Theaters ist nur noch so wenig zu spüren, dass das 1980er-Jahre-Interieur weniger fehl am Platz wirkt als die spätbarocke Ausmalung des Auditoriums mit illusionistischer Architektur.

Vielleicht hat Maria Theresia ja im Schlosstheater auch ihrem Sohn Joseph applaudiert, der später als Kaiser das Areal hinter den Fenstern des Theatertrakts entscheidend verändern ließ: War der Jagdgarten für Maria Theresia mit Alleen und Lustgärten noch französisch gestaltet worden, führte Joseph II. ab 1780 den englischen Stil in Laxenburg ein. Und nur knapp 20 Jahre später wehte mit Doppelkaiser Franz II. (als letzter Kaiser des Heiligen Römischen

Schlossteich mit steinerner Brücke

Reiches Deutscher Nation) bzw. I. (als erster Kaiser Österreichs) schon wieder ein neuer Wind durch den **Schlosspark.** Der interessanteste der vielen Staffagebauten, die Franz II./I. (1768–1835) und seine zweite Gattin Marie Therese zwischen den Bäumen aufstellen ließen, ist leider schon lange verfallen: Nur noch ein paar Mauern erinnern auf dem Weg vom Blauen Hof zur Franzensburg an das **Haus der Laune,** das Ende des 18. Jahrhunderts kaum fertiggestellt war, als es die Soldaten Napoleons zerstörten. Der Theatermaler und Architekt Johann Ferdinand Hetzendorf von Hohenberg, dessen bekanntestes Werk die Gloriette im Schönbrunner Schlosspark ist (➤ Tour 3), entwarf für Laxenburg einige Staffagebauten und legte mit dem Haus der Laune sein Meisterstück vor: Es war eine Karikatur auf die Architektur seiner Zeit, surreal, symbolträchtig und auf intellektuelle Weise „verrückt“, eine verkehrte Welt, die damals Furore machte und der man sicherlich noch heute einiges abgewinnen würde.

Skurril wirkt heute auch die Hoffnung des Kaiserpaars, im geschützten Raum des Schlossparks ein idealtypisches Mittelalter wiederbeleben und konservieren zu wollen. Mit Rittersäule, Rittergruft, Turnierplatz und Franzensburg versuchten sich Kaiser Franz und Marie Therese in die Gewissheit einer längst vergangenen Epoche zu retten, während Napoleon draußen vor den Toren in eine unberechenbare Zukunft voranmarschierte.

Die zeltartige **Rittergruft** und die von steinernen Löwen flankierte **Rittersäule** geben einen Vorgeschmack auf die **Franzensburg,** zu der man seit Anfang

Seilfähre

des 19. Jahrhunderts mit einer **Seilfähre** übersetzen kann. Viele Türme, niedrige und hohe, runde und eckige, von Zinnen oder spitzem Dach gekrönt, lassen erahnen, wie überladen erst das Innere dieser 1798 bis 1801 gebauten Burg sein mag, die wie die Hauptattraktion des frühen Versuchs einer Disney World auf einer Insel im Schlossteich steht. Bescheiden umschrieben als „Gartenhaus in Gestalt einer gothischen Burgveste", setzte Franz II. alles daran, die Räume kostbar auszustatten. Dafür verpflanzte er aus Schlössern, Klöstern und Kirchen überall in Österreich einfach alles nach Laxenburg, was ihm passend erschien, und das war viel: Plafonds, Möbel, Gemälde, ja ganze Kapellen.

Wenn man vom Vogteihof, wo Steinbüsten unter den Zinnen die Urahnen des Hauses Habsburgs darstellen sollen, in die Eingangshalle tritt, brauchen die Augen Zeit, um in der Düsternis etwas zu erkennen. Zwei riesenhafte Landsknechte, die ihre Lanzen auf die eintretenden Besucher richten, bilden das stumme Begrüßungskomitee. An den Wänden hängen weitere Waffen, bewehrt mit Spitzen und Haken, von denen man gar nicht wissen möchte, auf welche Weise sie ihre Opfer verwunden sollten.

Im angrenzenden Raum geht die Waffenschau erst richtig los: Hunderte von Lanzen, Spießen, Kusen, Helmbarten und wie sie noch alle heißen liegen oder hängen hier, viele abgesägt auf etwa 50 Zentimeter Länge und angeordnet zu Ornamenten, in deren Mitte das Wappenschild einer habsburgischen Besitzung erscheint. Vom Waffen- geht's hinüber in den architektonisch interessanten **Habsburgersaal:** Der ovale Raum wird durch ein Fenster im Zenit der Flachkuppel erhellt. Auf diese Weise fällt gleich gutes Licht auf die rundherum aufgereihten Marmorstatuen jener 17 Habsburger, die Kaiser und Könige des Heiligen Römischen Reiches Deutscher Nation waren.

Nach dem Habsburgersaal erscheint einem das erste Empfangszimmer umso finsterer: Die hölzerne Kassettendecke stammt aus Schloss Greillenstein, die braune Schweinsledertapete aus der Prälatur des Stiftes Klosterneuburg, die Wandverkleidung – eine spätgotische Schnitzerei – aus Schloss Pöggstall. Um die Franzensburg nach seinen Vorstellungen einzurichten, ließ Franz II. die importieren Einrichtungsstücke einfach passend machen. Oder umgekehrt: Für den Thronsaal soll zuerst die Decke des Kaiserzimmers im Stift Zwettl vermessen worden sein, bevor die Mauern so errichtet wurden, dass die Decke ohne Veränderungen hineinpasste.

Auch die 1222 in Klosterneuburg eingeweihte Capella speciosa wurde Teil der Franzensburg, wobei ein anderer Kaiser schuld am Abriss dieses bedeutendsten Bauwerks der frühen Gotik in Österreich war: Joseph II. erklärte die Kapelle 1786 zur „überflüssigen Kirche". Sein Neffe Franz kaufte die Ausstattung aus rotem und weißem Marmor und verwendete sie für Burgkapelle und Speisesaal. Anderes, wie ein buntes Glasfenster aus der Pfarrkirche Steyr, nahm der Kaiser angeblich nur als Leihgabe mit nach Laxenburg. Mehr als 200 Jahre nach Fertigstellung der Franzensburg dürfte die Leihfrist allerdings längst überschritten sein.

Ab der zweiten Hälfte des 19. Jahrhunderts war diese falsche gotische Burg mit echtem gotischen Interieur als Museum für alle geöffnet, die sich für die „vaterländische Vorzeit" interessierten. Was ihnen geboten wurde, würde man heute vielleicht als Infotainment bezeichnen: Wenn der arme Sünder, der im nachgebauten mittelalterlichen Burgverlies auf den Stufen sitzt, plötzlich mit seinen Ketten rasselt, wird das Museum zum Vergnügungspark. Per Mechanismus am Eingang lässt sich sowohl die Hand der Puppe als auch die Stimmung der Besucher auf simple Weise heben. Dass die Haftbedingungen im Mittelalter alles andere als lustig waren, geht im Kettengerassel unter.

Auch durch den Lothringersaal, den größten Raum der Burg, in dem 20 Porträts des Hauses Lothringen hängen, weht ein Hauch von Disney World. Betrachtet man die Gemälde aus wechselnden Perspektiven, fällt auf, dass z. B. die Stiefel eines der vielen Erzherzöge – ist es Anton Viktor von Österreich? – immer zum Betrachter zeigen, ebenso wie die Bibel in der Hand eines anderen – ist es Kardinal Rudolph von Österreich?

Habsburgersaal

Zwischen ihren Lanzen entlassen die Landsknechte die Besucher zwar gnädig wieder hinaus ins Freie, doch auch der Weg durch den Park zum Alten Schloss führt durch eine künstliche Ritterwelt. Ein wesentlicher Bestandteil des sog. Rittergaus war der **Turnierplatz,** der die vorherige Parkanlage entscheidend veränderte. Hatte es zuvor nur einen Ritterumzug durch Laxenburg gegeben, konnte dem Ritterkult nun von Zuschauertribünen oder noch bequemer von Kaiser- und Richterloge

Grünes Lusthaus

aus gefrönt werden. Auch ein zerlegbares Modell der Habsburg wurde auf dem Festplatz gezeigt. Eine kleinere Kopie des Stammhauses in der Schweiz sollte oberhalb der **Grotte** am Schlossteich errichtet werden, aber die Miniatur-Habsburg dürfte zu teuer gewesen sein und blieb ein Luftschloss.

Gebaut wurde dagegen die **Gotische Brücke,** die mit ihrem spitzen Bogen den künstlichen Gegenpart zur „natürlichen“ Grotte bilden sollte. Die beiden Ritterbüsten am Scheitelpunkt der Brücke wenden den Spaziergängern den Rücken zu und signalisieren damit den Abschied aus dem Super-Rittergau.

Vorbei am **Goldfischteich,** an dem eine der prächtigen Rotbuchen des Parks steht, gelangt man in jene Bereiche des Schlossparks, in die die Ritterromantik nicht vorgedrungen ist. Jeder Schritt führt weiter zurück auf der Zeitleiste: Erste Station ist der **Concordiatempel,** errichtet 1795 und damit noch jener Epoche zugehörig, in der Joseph II. den Barockgarten im englischen Stil weiterführen und erweitern ließ. Rundtempel galten im 18. Jahrhundert als Symbol für Harmonie und Vollkommenheit, und der korinthische Tempel fügt sich nicht nur harmonisch in den Park ein, sondern sollte diesen Standpunkt auch politisch einnehmen: In einer Zeit, in der die Monarchie von der Französischen Revolution bedroht wurde, widmeten ihn die Erbauer der Eintracht der Völker.

Vom Concordiatempel aus kann man die zweite Station auf der Zeitreise erblicken, die im Zentrum der ursprünglich ausgedehnten Parkanlage im französischen Stil liegt: Das **Grüne Lusthaus** ist mit seinen durchbrochenen Lattengittern ebenfalls ein luftiger, dekorativer Tempel, der Diana, der Göttin der Jagd, gewidmet war, und an die Zeit erinnert, in der Laxenburg ein Jagdpark mit Fasanen, Rehen und Reihern war. Errichtet um 1760, war das Grüne Lusthaus ein Lieblingsort Maria Theresias, die in diesem ältesten gestalteten Teil des Schlossparks gern Karten spielte. Wenn sie nicht gerade in ihr Blatt sah, dürfte sie den Ausblick genossen haben, denn das Grüne Lusthaus liegt im Mittelpunkt eines Waldsterns, von dem aus acht Sichtachsen durch den Park führen.

Nach einer Pause mit Ausblick, aber wohl ohne Kartenspiel ist es nur noch ein kurzer Weg zur dritten Station: Am **Alten Schloss** kommen wir zu den Wurzeln Laxenburgs. Bereits ab 1306 war das vermutlich älteste Gebäude des Ortes habsburgische Frühjahrs- und Herbstre-

Altes Schloss

sidenz. Zwar ließ es bereits Herzog Albrecht III. von Österreich (1349/51–1395) für seine zweite Gemahlin zu einem Wasserschloss erweitern, doch Maria Theresia war es trotz einiger Zubauten zu klein. Sie beschloss, den Blauen Hof und einige Bürgerhäuser zu einem repräsentativen Ensemble zu vereinigen.

So wehrhaft, wie das Alte Schloss im Park steht, ließ es sich nicht mit den Vorstellungen des Barock vereinbaren. Die wuchtigen Mauern quetschen eine kleine **Kapelle** ein, die dem Druck jedoch schon seit vielen Jahrhunderten standhält: Als das Schloss Ende des 14. Jahrhunderts um einen zweiten Vorhof erweitert wurde, plante Albrecht III. auch eine neue Kapelle ein. Der Eingang der 1755 barockisierten Kirche wirkt durch eine Fensteröffnung mit Spitzbogen und freigelegtes Quadermauerwerk nach wie vor gotisch. Zusammen mit dem Brunnen in einer gegenüberliegenden Mauernische und dem Kopfsteinpflaster spürt man in diesem Hof des Alten Schlosses das Mittelalter in einer Weise, die alle Staffagebauten des Rittergaus zusammen nicht vermitteln.

Mit dem Mauerwerk wurde 1982 auch eine Inschrift im anderen Hof freigelegt. Es ist der Wahlspruch von Kaiser Friedrich III. (1415–1493): „Das größte Glück ist das Vergessen jener Dinge, die unwiederbringlich sind.“ Im Widerspruch zu diesem Motto handelten jene Nachfahren des Kaisers, die in Laxenburg mit großem Aufwand die vaterländische Vorzeit wiederzubeleben versuchten. Aber gerade in diesem Spannungsfeld ist über die Jahrhunderte eine Schlossanlage gewachsen, in der Geschichte mehr ist als romantische Kulisse.

Schlösser

- **Blauer Hof,** Schloßplatz 1, 2361 Laxenburg, www.schloss-laxenburg.at (zugänglich im Rahmen von Kongressen, Seminaren und Festen)
- **Franzensburg,** Schlosspark, 2361 Laxenburg, www.schloss-laxenburg.at (zu besichtigen im Rahmen einer Führung zwischen Ende März und Anfang Nov.)
- **Altes Schloss,** Schlosspark, 2361 Laxenburg (privat, Höfe mit Blick in die Schlosskapelle zugänglich)

Außerdem sehenswert:

- **Kaiserbahnhof**
- **Franz-Joseph-Platz**
- **Schloßplatz** mit Kloster (ehem. Schwarzenberg-Palais), Doktorhaus, Apothekerhaus, Rathaus und Pfarrkirche
- **Schlosspark** mit ehem. Haus der Laune, Rittergruft, Rittersäule, Seilfähre, Turnierplatz, Grotte, Gotischer Brücke, Goldfischteich, Concordiatempel und Grünem Lusthaus

Wissenswert:

- Der Schlosspark ist ganzjährig geöffnet. Die Fähre zur Franzenburg fährt von Ostern bis Allerheiligen, die Burg ist aber auch über die Gotische Brücke erreichbar. Auf dem Schlossteich kann man Boot fahren (Verleih von Ostern bis Ende Okt. geöffnet) und im Winter eislaufen.
- Laxenburg ist von Wien aus sehr gut mit dem Fahrrad zu erreichen. Vom Karlsplatz führt der Euro Velo 9 über Argentinierstraße, Hauptbahnhof, Sonnwendgasse, Steudelgasse, Verteilerkreis Favoriten, Wienerberg, Liesingbach, Inzersdorf, Vösendorf und Biedermannsdorf nach Laxenburg.

Rasten

- **Ristorante Gallo Rosso,** Franz-Joseph-Platz 3, italienische Küche im ehem. Kaiserbahnhof (www.gallo-rosso.net)
- **Restaurant Laxenburgerhof,** Schloßplatz 17, gutbürgerliche Küche, schattiger Garten (www.laxenburgerhof.at)
- **Rathausstüberl,** Schloßplatz 8, wochentags Mittagsmenü (www.rathausstüberl.at)
- **Café Meierei Franzensburg,** Schlosspark, schöner Blick von der Terrasse auf den Schlossteich, geöffnet von April bis Ende Okt.
- **Teichbuffet** beim Bootsverleih, Schlosspark

Brunnen im Hof des Alten Schlosses

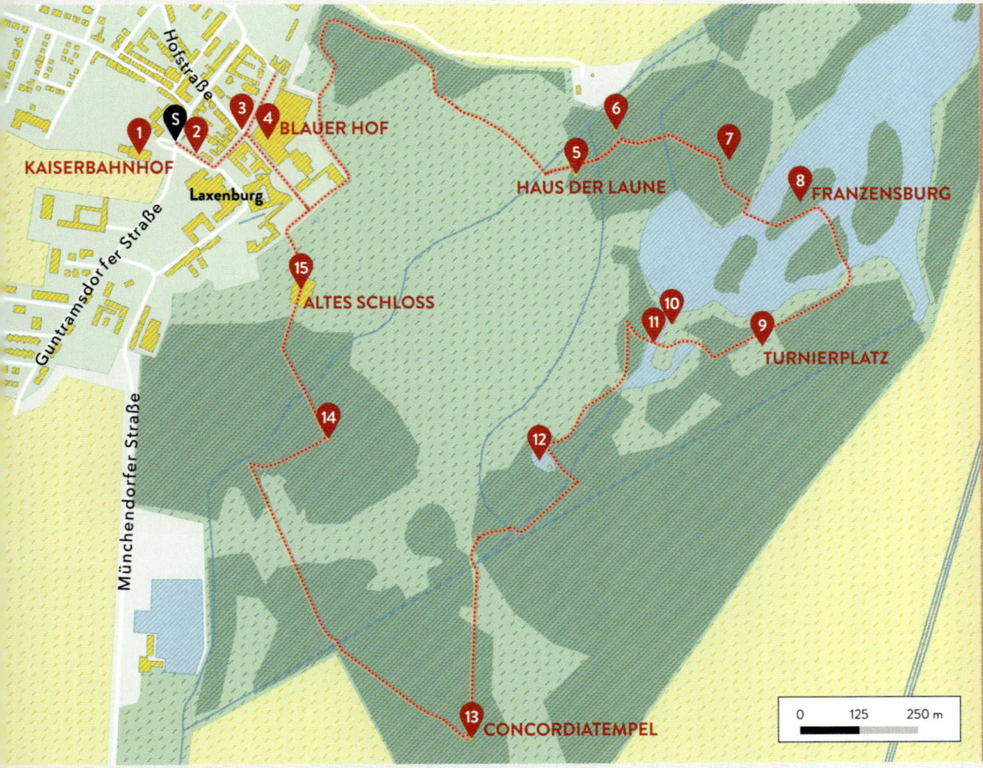

Route

Art der Tour: Spaziergang (ca. 7 km)
Start: Laxenburg, Franz-Joseph-Platz (Bus 215, 566)
Ziel: Laxenburg, Franz-Joseph-Platz (Bus 215, 566)

Kaiserbahnhof ❶, Franz-Joseph-Platz ❷, vorbei am Kloster zum Schloßplatz ❸, vorbei am Blauen Hof ❹ zum Parkeingang, hinter dem Eingang links an der Rückseite des Blauen Hofs entlang, rechts über die Wiese und einen Abschnitt der „Sisi"-Laufstrecke zum Hauptweg, vorbei am ehem. Haus der Laune ❺, an der Rittergruft ❻ und an der Rittersäule ❼ zur Seilfähre, Franzensburg ❽, vorbei am Turnierplatz ❾ oberhalb der Grotte ❿ zur Gotischen Brücke ⓫, vor dem Teich-Buffet links und vorbei am Goldfischteich ⓬ zum Concordiatempel ⓭, hinunter zum Grünen Lusthaus ⓮ und durch das Alte Schloss ⓯ zurück zum Parkeingang, über den Schloßplatz zurück zum Franz-Joseph-Platz

12 Von Soldaten beschossen, von Bomben zerstört

Schloss Essling | Esslinger Schüttkasten | Schloss Süßenbrunn | Schloss Hirschstetten

Tour 12: Schloss Essling, Schloss Süßenbrunn und Schloss Hirschstetten

Wie Kriege Schlössern zusetzten und was aus ihnen in einem von Landwirtschaft und Gewerbe geprägten Stadtbezirk wurde, ist bei einer Fahrradtour durch die Donaustadt zu sehen. Kanonenkugeln aus dem Jahr 1809 stecken noch in der Fassade des Schlosses Essling, dessen Schüttkasten ein Hauptquartier Napoleons war. Ein anderer dieser wenigen noch erhaltenen Getreidespeicher steht auch neben dem Schloss Süßenbrunn, das mitsamt dem Ort nach der ersten Türkenbelagerung 1529 verödete und von Urban Süeß neu aufgebaut wurde. Die Anlage des barocken Jagdschlosses Hirschstetten wiederum wurde ebenfalls während der Schlacht von Aspern zerstört, das Schloss durch Bombenangriffe im Zweiten Weltkrieg dem Erdboden gleichgemacht und durch eine Kirche ersetzt.

Die Donaustadt gehört nicht zu den Bezirken Wiens, in denen man Schlösser vermutet. Mit Säulenportalen und Mansarddächern trumpfen in erster Linie die Fertighäuser auf, die zwischen zahlreichen Neu- und Gebrauchtwagenhändlern am Straßenrand stehen. Doch wer sich auf die Suche begibt, findet auch im 22. Bezirk bedeutende historische Gebäude wie die beiden Schüttkästen der Schlösser Essling und Süßenbrunn. Wobei der **Esslinger Schüttkasten** mehr als ein Getreidespeicher war: Während der Schlacht bei Aspern bezog Napoleon Bonaparte (1769–1821) hinter den wuchtigen Mauern mit den kleinen vergitterten Fenstern ein Hauptquartier.

Äußerlich nahezu unverändert steht das dreigeschossige Gebäude an der heutigen Simonsgasse. Der Stab der großen Sonnenuhr im Giebel lässt seinen Schatten wie eh und je über das Wandbild einer Schnitterin im Getreidefeld wandern. In einer Ecke des Erdgeschossgewölbes, wo sich ein Museum der bis dahin blutigsten Schlacht der Geschichte widmet, scheint die Uhr jedoch im Jahr 1809 stehen geblieben zu sein: Am 21. und 22. Mai kamen beim Kampf um Aspern und Essling etwa 54.000 Menschen ums Leben.

Der blau-weiß-rote Uniformrock eines französischen Infanteristen und die typischen Zweispitze sind im Museum ebenso zu sehen wie ein Mannschaftskürass, also einer der Brust- bzw. Rückenpanzer, mit denen sich die Reiter zu schützen versuchten. Waffen liegen neben Hufeisen, die die Pferde während der Kämpfe verloren. Von einem Porträt an der Wand

Esslinger Schüttkasten

des Museums schaut Napoleon grimmig auf das Schlachtfeld herab, das in einem großen Diorama nachgestellt wurde. In Reih und Glied haben die Soldaten rund um den Schüttkasten Essling Stellung bezogen – bis auf jene, die schon niedergestreckt im Gras liegen. Obwohl seine Soldaten der Belagerung so tapfer standgehalten haben sollen, dass die beeindruckten Gegner den Franzosen am Ende eine Mahlzeit und freies Geleit gewährt haben sollen, musste sich Napoleon auf die Insel Lobau zurückziehen und an der Donau seine erste Niederlage an Land hinnehmen. Den Marschall André Masséna, der die französischen Truppen sicher an das Südufer zurückgebracht hatte, erhob er zum Fürsten von Essling.

Auf der Wiese neben dem Schüttkasten grasen auch heute noch Pferde, doch der Schlachtenlärm ist längst verklungen. Ein paar Kanonenkugeln aus der Schlacht bei Aspern stecken in der Fassade von **Schloss Essling,** das 150 Meter entfernt vom Schüttkasten an der Esslinger Hauptstraße steht. Im Vorgängerbau dieses Schlosses residierten seit dem 13. Jahrhundert die Herren von Eslarn, die dem Ort seinen Namen gaben. Vier Jahrhunderte später wurde das Schloss durch einen Neubau ersetzt, der wiederum 100 Jahre später von der Familie Kinsky erweitert wurde. Unter den zahlreichen prominenten Besitzern war auch Franz I. Stephan von Lothringen. Nach den Verwüstungen durch die Napoleonischen Kriege wurde der lang gestreckte zweigeschossige Bau um 1820 wieder aufgebaut.

Hinter der bescheidenen Fassade haben heute Mietwohnungen und Gewer-

Sonnenuhr am Schüttkasten Essling

Schüttkasten von Schloss Süßenbrunn

be Platz gefunden. An das einstige „Castello“ erinnert eigentlich nur noch der Name der Pizzeria im Erdgeschoss. Vom Parkplatz hinter dem Schloss sind durch einen Zaun zwei Säulen mit steinernen Amphoren zu sehen – vielleicht ein Gartenportal der einstigen Schlossanlage? Heute stehen sie auf dem Grundstück einer Wohnanlage an der Schlosspromenade. Wo einst die Schlacht um Aspern und Essling tobte, schimpft nun auf einem Balkon ein Vater mit seinem Kind, weil es seine Hausübungen nicht gemacht hat. Schilder an der Einfahrt in den Garagenhof untersagen, den Rasen zu betreten oder mit dem Rad zu fahren. Nicht verboten ist es, zurück zur Simonsgasse zu radeln und von der Abzweigung des Greta-Kraus-Wegs einen Blick zurück auf die Längsfront des Schüttkastens Essling zu werfen. Vorbei an kleinen Einfamilienhausgrundstücken und ausgedehnten Feldern erreicht man **Neuessling.** Niemand sitzt auf der Bank der Bushaltestelle am Telephonweg, hinter der sich das Marchfeld bis zum Horizont ausbreitet. Menschen scheinen sich Wege durch die weite Ebene nur in ihren Autos zuzutrauen. Ein barfüßiger Junge in einem weißen Unterhemd, der auf einem Parkplatz am Straßenrand voller Hingabe einen alten Volvo mit einem Schwamm reinigt, dreht die Uhr zurück in die 1960er-Jahre.

Wesentlich weiter zurück reicht die Vergangenheit von **Schloss Süßenbrunn.** Nach den Türkenkriegen von 1529 verödete das 1320 erstmals urkundlich erwähnte „Feste Haus“ ebenso wie der Ort. Urban Süeß, der kaiserliche Superintendent von Raab (Györ) und der ungarisch-slowakischen Donaustadt Komorn

Schloss Süßenbrunn

(Komárom/Komárno), weckte beides aus dem Dornröschenschlaf. Als Inhaber des Landgerichtes Prunn ließ er das Dorf um die Mitte des 16. Jahrhunderts wieder besiedeln und ein Schloss errichten. Von ihm übernahmen die Freiherren von Landau, eine ursprünglich württembergische Familie, die Herrschaft und erweiterten sie um die Dörfer Aderklaa und Gerasdorf.

In die lange Kette vieler Schlossbesitzer gliederte sich 2008 die Schuhmanufaktur Reiter ein, die das Anwesen passend zu seiner Historie besiedelte: Aus den Stallungen wurde die Produktion, aus dem Verwalterhaus das Bürogebäude, aus der Remise der Versand und aus dem Getreidespeicher, von dessen Geburt im Barock der mächtige Volutengiebel und die Blendarkaden zeugen, das Lagerhaus.

Nur das ehemalige Hauptgebäude blieb in der behutsam restaurierten Anlage zunächst ungenutzt. Das u-förmige Schloss mit dem zentralen Mittelturm wurde jedoch neu gedeckt, um es vor dem weiteren Verfall zu bewahren. Ein steinerner, von Sträuchern bewachsener und von Efeu überwucherter Sockel auf dem Rasen zwischen Hauptfassade und Süßenbrunner Hauptstraße fällt im Schatten der alten Bäume nicht weiter auf. Doch wem gehören das Bein, das vom Sockel herabhängt, und die Hand, deren Finger aus den Blättern herausragen? Die Wassernymphe, mit der Victor Tilgner um 1880 den Brunnen vor dem Schloss schmückte, hat wesentliche Teile ihres Körpers eingebüßt. Fast verloren ist ihre Schönheit, aber schließlich sitzt sie auch schon sehr lange auf dem Trockenen.

Badeteich Hirschstetten

Dagegen sind Wasserfreunde am **Badeteich Süßenbrunn** mit seinen großen Liegewiesen am Nordufer in ihrem Element, und zwar zwei- ebenso wie vierbeinige: Auch Hunde dürfen sich dort ins Nass stürzen, ebenso wie in der dafür ausgewiesenen Zone des rund vier Kilometer südlich vom Badeteich Süßenbrunn gelegenen **Badeteichs Hirschstetten.** Pflanzenfreunde werden das Gelände auf der anderen Seite der Oberfeldstraße bevorzugen, wo aus den Kultivierungsbetrieben der Wiener Stadtgärten mit den **Blumengärten Hirschstetten** ein attraktives Erholungsgebiet mit Bauernhof, Tiergehegen, Spielplatz und Themengärten geworden ist.

Kaum jemand verirrt sich dagegen an einem Samstag- oder Sonntagnachmittag in die Anlage des **Schlosses Hirschstetten.** Von der Spargelfeldgasse führt ein kleiner Fußweg zu einem Gartenportal, das den Besitz einst von Norden her zugänglich gemacht haben könnte. Heute breitet ein Baum seine Zweige zwischen den Säulen aus, und hinter dem Gittertor ist die Wildnis undurchdringlich. Der Fußweg ist nach dem altösterreichischen Adelsgeschlecht der Herren von Anfang benannt, die um 1636 Besitzer der Herrschaft Hirschstetten waren. Vorbei an Häusern, die sich entlang der Claretinergasse an der Ostseite des ehemaligen Gartens aufreihen, gelangt man zu den Überresten des Schlosses.

1713 bis 1724 zu einem Jagdschloss mit Wirtschaftsgebäuden und Lustgarten ausgebaut, wurde ein Teil der Anlage bei der Schlacht von Aspern zerstört. Daran erinnert auch hier eine Franzosenkugel,

Kastanienallee, Schloss Hirschstetten

Einfahrtsportal an der Hirschstettner Straße

die im Rest eines Eckpavillons steckt. Das damals unversehrt gebliebene Schloss fiel mitsamt seiner bedeutenden barocken Ausstattung einem späteren Krieg zum Opfer: Bei einem Bombenangriff im März 1945 wurde es dem Erdboden gleichgemacht.

Was übrig blieb, kaufte der Orden der Claretiner. Statt des barocken Lustgebäudes steht nun eine Kirche am Ende der kurzen Kastanienallee. Zur nunmehr religiösen Prägung der Anlage durch die Pfarre Hirschstetten trägt bei, dass die Kapelle mit Fresken von Daniel Gran, die 1739 an das Schloss angebaut wurde, den Luftangriff überstand.

Hinter der Kapelle verstecken sich weitere Zeugen der Vergangenheit wie ein eingeschossiges Nebengebäude aus dem 18. Jahrhundert und ein 1715/20 errichtetes Pfeilerportal, dessen Aufsatzvasen mit Puttenreliefs von Lorenzo Mattielli verziert sind.

Durch eine Kastanienallee erreicht man das Einfahrtsportal an der Hirschstettner Straße. Am Dreieckgiebel hängt noch das Wappen von Johann Ludwig Graf Barth von Barthenstein, der von 1811 bis 1815 Besitzer des Schlosses war. Wenn man sich wieder aufs Fahrrad geschwungen hat und zur U-Bahn-Station Aspernstraße radelt, verweilen die Gedanken noch eine Zeit lang in der Vergangenheit. Wie mag es ausgesehen haben zu Barthensteins oder gar Anfangs Zeiten in diesem Wiener Gemeindebezirk, aus dem Kriege, aber auch Industrialisierung, Landwirtschaft und der Wunsch nach einem Einfamilienhaus mit Garten viele historische Spuren tilgten?

Schlösser

- **Schloss Essling,** Esslinger Hauptstr. 81–87, 1220 Wien, www.aspern-essling-1809.eu (Wohnungen und Gewerbe; Museum im Schüttkasten nordwestlich des Schlosses an der Simonsgasse, geöffnet von April bis Okt., So 10–12 Uhr)
- **Schloss Süßenbrunn,** Süßenbrunner Hauptstraße 9, 1220 Wien, www.ludwig-reiter.com (Schuhmanufaktur Ludwig Reiter, gelegentlich Führungen)
- **Schlossanlage Hirschstetten,** Hirschstettner Straße 91, 1220 Wien, www.pfarre-hirschstetten.at (Pfarre Hirschstetten, Gelände zugänglich)

Außerdem sehenswert:

- **Badeteich Süßenbrunn** westlich von Süßenbrunn an der Wagramer Straße
- **Badeteich Hirschstetten,** Bibernellweg 9–11, 1220 Wien
- **Blumengärten Hirschstetten,** Quadenstraße 15, 1220 Wien (geöffnet von April bis Mitte Okt. tägl. außer Mo)

Rasten

- **Flokal,** Süßenbrunner Platz 11, Wiener Küche mit regionalen Produkten im ehem. Vierkanthof mit Gastgarten (www.flokal.at)
- **Restaurant Jasmin,** Breitenleer Str. 102/Ecke Zwerchäckerweg, chinesische, thailändische, malaysische und japanische Küche (www.asia-jasmin.at)
- **Gartencafé in den Blumengärten Hirschstetten,** Quadenstraße 15, Di–Fr Tagesmenüs mitten im Grünen (www.palmenhaus-kulinarik.at)

Route

Art der Tour: Radtour (ca. 24 km)
Start/Ziel: Aspernstraße (U2)

U2-Ausgang Aspernstraße, links über den Wonkaplatz, rechts in die Aspernstraße, Haberlandtgasse, links in die Groß-Enzersdorfer Straße, vor der Esslinger Hauptstraße links in die Rosthorngasse, links in die Leskygasse, rechts in die Gundackergasse, Telephonweg queren, Simonsgasse mit Schüttkasten ❶, durch die Schlosspromenade zur Esslinger Hauptstraße mit Schloss Essling ❷, zurück zur Simonsgasse, rechts, am Kreisverkehr links in die Wehrbrücklstraße (Radroute Neuessling), links in die Wolfgang-Mühlwanger-Straße, rechts in den Telephonweg, Breitenleer Straße queren, am Ortsausgang von Neuessling links in die Thujagasse (S2 queren), rechts in den Friedhofweg, links in die Süßenbrunner Hauptstraße mit Schloss Süßenbrunn ❸, links in die Pehamgasse, rechts Richtung Radroute Zwerchäckerweg mit Badeteich Süßenbrunn ❹, geschottertem Wanderweg Richtung Süden folgen (links vorbei an den Hundeschulen), auf Rasenpfad an der Meiergrube entlang, zwischen Teich und Reiterhof zum Campingplatzweg, dort links, rechts und wieder links durch die Unterführung der Bahnstrecke in den Zwerchäckerweg, gerade über den Kreisverkehr in die Hermann-Gebauer-Straße, links in den Rautenweg, rechts in die

Anisgasse, links in die Lauchgasse, rechts in den Zwerchäckerweg, beim Kreisverkehr links, S2 queren, auf dem Radweg in das Wäldchen, rechts zur Oberfeldgasse, links in die Spargelfeldstraße zum Badeteich Hirschstetten 5, zurück zur Oberfeldstraße, Blumengärten Hirschstetten 6, Spargelfeldstraße stadteinwärts, vor dem Einfahrverbot rechts in den Fußweg (Anfanggasse) bis zum Tor des ehem. Schlossparks, zurück und rechts in die Claretinergasse, in der Kurve rechts über den Parkplatz zur Schlosskapelle von Schloss Hirschstetten 7, links durch die Kastanienallee, links in die Hirschstettner Straße, am Hirschstettner Platz rechts halten und über Hirschstettner bzw. Aspernstraße zur U2-Station

13 Vom Untergang der Monarchie hinter dem Marchfeldschutzdamm

Schloss Obersiebenbrunn | Schloss Eckartsau | Schloss Orth

Tour 13: Schloss Obersiebenbrunn, Schloss Eckartsau und Schloss Orth

Vom weltabgewandten Kloster über das Schicksalsschloss der Habsburger bis zu einem Nationalparkzentrum führt diese Radtour und zeigt dabei, wie verschieden die Marchfeldschlösser heute sind. Nicht nur die ehemaligen Burgen, sondern auch ihre Außenanlagen weisen ein breites Spektrum auf, das vom verwilderten barocken Jagdgarten über einen englischen Landschaftspark bis hin zum modern gestalteten Au-Erlebnis-Freigelände reicht. Wie die namensgebende Landschaft vom Hochwasser und dessen Regulierung durch Marchfeldkanalsystem verändert wurde, zeigt sich unterwegs und im Museum von Schloss Orth.

Zwischen den Häusern am Bahnhof und dem Ort Obersiebenbrunn erstreckt sich ein riesiges Kornfeld. Aus der Silhouette des Dorfes sticht der Zwiebelturm der Kirche und verbindet das blasse Gelb der Ähren mit dem Blau des Sommerhimmels. Nachdem man von der Bahn- in die Hauptstraße von Obersiebenbrunn abgebogen ist, beginnt es erst leise, dann immer lauter zu brummen: Drei Mähdrescher schieben sich wie zivile Panzer an der Kirche vorbei Richtung Untersiebenbrunn, als wollten sie demonstrieren, dass der Gedenkstein für Josef Porsch zu Recht neben der Straße steht: Der ehemalige Bürgermeister machte den Einsatz moderner landwirtschaftlicher Maschinen möglich, indem er 1891 von Obersiebenbrunn aus die Flurbereinigung in Österreich etablierte.

Vor dem Lärm der Erntemaschinen versteckt sich hinter einer langen Mauer auf der anderen Straßenseite **Schloss Obersiebenbrunn.** Der erste Adelssitz auf dieser Radtour war auch das erste von mehreren Marchfeldschlössern, die ab 1725 in den Besitz des Prinzen Eugen gelangten (➤Touren 2 und 14). Kaiser Karl VI. schenkte es dem Feldherrn zum Dank für seine Erfolge im Kampf gegen die Türken und zum Ausgleich für den Verlust der Statthalterschaft in den österreichischen Niederlanden.

Der Prinz ließ das Schloss, dessen vier Flügel einen geschlossenen Innenhof bilden, im Stil des Barock gestalten. Auf der Südseite überragt ein Torturm das Gebäude um mehrere Stockwerke. Links über dem Portal balgen sich zwei Putten, von der Skulptur rechts sind dagegen nur noch der Sockel und ein Bein erhalten. Gerade der Kontrast zu Prinz Eugens ehemaligem, nur wenige Kilometer östlich liegenden Schloss Hof (➤Tour 14) könnte kaum größer sein: Während sich im Schloss Hof, seinem

Schloss Obersiebenbrunn

Barockgarten und dem Meierhof seit der Restaurierung im ersten Jahrzehnt des 21. Jahrhunderts Besucher drängen und wie einst im Barock glanzvolle Feste gefeiert werden, gehört Schloss Obersiebenbrunn seit 2001 der koptischen Kirche und ist ein Kloster. In den Seitenflügeln wohnen Mönche und aus dem ehemaligen Festsaal mit der barocken Stuckdecke wurde ein Andachtsraum, dessen Wände mit Figuren in der Tradition koptischer Kunst bemalt sind. Die ehemaligen Wirtschaftsgebäude sind an einen Reitverein verpachtet. Der weitläufige **Park** südlich des Schlosses, trotz des verwilderten Zustands einer der am besten erhaltenen barocken Jagdgärten Österreichs, gehört der Gemeinde Obersiebenbrunn.

Auch wenn die Wege für Fahrradfahrer recht holprig sind, sollte man ein paar der Orthogonal- und Diagonalalleen des 46 Hektar großen, rechteckigen Parks erkunden. Wo die Schneisen durch den Wald einen sog. Jagdstern bilden, steht im Zentrum der acht Strahlen ein **Pavillon.** Mit seinem ovalen Grundriss und dem Mansardwalmdach erinnert er an ein Türkenzelt. Wände und Decke im Inneren des 1728 nach Plänen von Johann Lucas Hildebrandt (➤Touren 1, 2, 7, 11, 14) errichteten Pavillons hat Jonas Drentwett (1650–1720) bemalt, Mitglied einer Augsburger Künstlerdynastie, die vom 16. bis zum 18. Jahrhundert im Auftrag vieler Höfe in Europa tätig war. Pfeil und Bogen schießende Putten zwischen barfüßig tanzenden Paaren und Hirsche oder Wildschweine, die Jagdhunde zur Strecke gebracht haben, ergeben ein Potpourri von Szenen aus dem Land- und Jagdleben.

Gras, Büsche und Bäume bedrängen

Pavillon, Park Obersiebenbrunn

Fresken von Jonas Drentwett

nicht nur die Wege, sondern auch den diagonal durch den Park führenden **Stempfelbach.** Im zentralen Bereich des Parks wurde er in ein orthogonales Kanalsystem gefasst, das einst zwei große Teiche speiste. Nun sind die rechteckigen Wasserbecken weitgehend trocken. Und das Tor an der Stelle der Mauer, an der die Hauptachse durch den Park endet, ist zugemauert. Gar nicht so leicht, einen Weg hinaus aus diesem grünen Labyrinth zu finden: Schlupflöcher bieten die Zufahrt zum Reitverein oder der Durchgang auf der Westseite.

Zurück auf der Hauptstraße und rechts abgebogen in Richtung Untersiebenbrunn, stößt man erneut auf den Stempfelbach, der einst für die Bewässerung des Schlossparks umgeleitet wurde. Nun führt er ebenso schnurgerade wie die Straße auf der einen und der geschotterte Weg auf der anderen Seite nach Untersiebenbrunn.

Etwa auf halbem Weg liegt in einem kleinen Wäldchen der **Franzosenfriedhof.** 2009, also 200 Jahre, nachdem Napoleon und Erzherzog Karl von Österreich das March- in ein Schlachtfeld verwandelt hatten, wurde der von Akazien und Gestrüpp überwucherte und von einem Sturm verwüstete Friedhof neu gestaltet und ist nun Gedenkstätte für die Opfer der Schlacht bei Wagram. Rund 150 Gefallene des größten Reiterkampfs wurden hier zwischen Ober- und Untersiebenbrunn bestattet. Verletzte behandelte man übrigens im Schloss Obersiebenbrunn, das den Franzosen als Feldlazarett diente.

Während sich der Stempfelbach weiter Richtung Osten schlängelt und bei Markthof in die March fließt, biegen wir Richtung Süden ab. Hinter einem klei-

Schilfdschungel am Rußbach

nen Industriegebiet und einer Koppel mit Zwergponys beginnt die Prärie: Der breite Weg führt wie eine Mähdrescher-Autobahn durch riesige Kornfelder, die scheinbar erst mit den Hügelketten am Horizont enden.

In der ausgeräumten Landschaft, aus der Hecken und Gehölze im Lauf der Jahrzehnte verschwanden, bildet der **Rußbach** mit seiner begleitenden Vegetation nicht nur landschaftlich eine willkommene Abwechslung. Das von 1986 bis 2004 geschaffene Marchfeldkanalsystem, zu dem auch der Rußbach gehört, löst teils widersprüchliche Probleme der Vergangenheit: Zum einen lassen sich dank des Donauwassers, das das Gewässernetz speist, Dürreperioden überbrücken, ohne einen der größten Grundwasservorräte Österreichs anzapfen zu müssen. Zum anderen ist das Marchfeld durch Pumpwerke, Rückhaltebecken und Drainagesysteme besser vor Hochwasser geschützt. Weil sich die Wasserqualität verbessert hat und der Rußbach abwechslungsreich gestaltet wurde, ist Lebensraum für Tiere und Pflanzen entstanden – und für Radfahrer mit Muße zum Beobachten, denn die geschotterten Begleitwege eignen sich nicht für Raser.

Hat sich am Rand des fließenden Wassers ein Frosch durch sein Quaken als Bewohner verraten, springt nach dem erneuten Eintauchen ins Getreidemeer erst ein Hasenpaar, dann ein Reh über den Weg. Während man beim Weiterfahren nach Eckartsau auf Nebenstraßen einen Kilometer nach dem anderen zurücklegt, bildet der Braunsberg bei Hainburg, ein Kalkstock mit auffallend schrägem Plateau, eine unverrückbare Konstante im Osten.

Schloss Eckartsau

Nicht länger unerschütterlich war die Habsburgermonarchie 1918 in Schloss Eckartsau: Nachdem Karl I. (1887–1922) am 11. November in Schloss Schönbrunn bereits auf die Teilnahme an den Regierungsgeschäften der frisch gegründeten Republik Österreich verzichtet hatte, unterzeichnete er nur zwei Tage darauf im Grauen Salon von **Schloss Eckartsau** auch seinen Rücktritt von der ungarischen Regierung. Damit zog er, auch wenn er sich bis zu seinem Tod weigerte abzudanken, den Schlussstrich unter mehr als 600 Jahre habsburgische Herrschaft, die 1278 mit dem Sieg Rudolfs I. über den Böhmenkönig Ottokar II. Přemysl (➤ Touren 1 und 14) ebenfalls im Marchfeld ihren Ausgang genommen hatte.

Eckartsau wurde also zum Schicksalsschloss für das letzte österreichische Kaiserpaar oder wird zumindest gern als solches vermarktet. Die Österreichischen Bundesforste verwalten den mit Jagdtrophäen überladenen Adelssitz: Mehr als 270.000 Tiere soll Thronfolger Franz Ferdinand erlegt haben, bevor er 1914 in Sarajevo vom Schuss eines Attentäters tödlich getroffen wurde – ein Ereignis, das den Ersten Weltkrieg und das Ende der Habsburgermonarchie auslöste.

Als Eckartsau noch kein Schicksals-, sondern nur ein Jagdschloss war, hatte Franz Ferdinand die beschädigten Trakte neu aufbauen und mit zeitgemäßem Komfort ausstatten lassen. Elektrisches Licht, Zentralheizung und sogar ein Badezimmer mit WC zogen in das Schloss ein, denn auf Luxus mochte der Thronfolger bei aller Ländlichkeit nicht verzichten. Auf dem Dachboden wurde eine riesige rote Tonne mit einem Steuerrad und einer Kurbel entdeckt, einer der ersten

Deckenfresko und ...

... Stiegenaufgang im Schloss Eckartsau

Staubsauger, der von mindestens zwei Angestellten bedient werden musste.

Schon ein anderer Franz Ferdinand, und zwar der böhmische Hofkanzler Graf Kinsky, hatte Eckartsau als Jagdschloss genutzt: Nach dem Kauf 1720 ließ er die ehemalige Wasserburg nach Plänen von Joseph Emanuel Fischer von Erlach umbauen und dabei die geräumige Stiegenhalle mit einem Deckenfresko, das eine Falkenjagd zeigt, und in Stein gehauenen antiken Jägergestalten ausstatten. Auch an der Decke des barocken Festsaals darüber übernimmt Jagdgöttin Diana die Zügel des Himmelswagens von ihrem Zwillingsbruder Apollo.

Dass die Jagd über Jahrhunderte hinweg Daseinszweck des Schlosses war, zeigen auch die lückenlos von Trophäen bedeckten Wände im kleinen Stiegenhaus, das vom Wohntrakt hinunter in die barocke Kapelle führt. Dort versammelten sich Karl, Zita und ihre Kinder am 23. März 1919 ein letztes Mal zur Messe, bevor sie nicht nur Eckartsau, sondern auch Österreich verließen. Für Karl, der drei Jahre später auf Madeira an einer Lungenentzündung starb, war es ein Abschied für immer.

Während die Familie damals von einem Wagen zum Bahnhof Kopfstetten gebracht wurde, um dort in einen Sonderzug zur Schweizer Grenze zu steigen, wenden wir uns nach dem Besuch des Schlosses in die entgegengesetzte Richtung. Die doppelreihige Lindenallee, durch die man schon bei der Ankunft geradelt ist, nahm schon nach ihrer Anpflanzung Anfang des 18. Jahrhunderts auf der einen Seite die mit der Kutsche, auf der anderen Seite die über die Donau mit dem Schiff Anreisenden auf.

Im Park von Schloss Eckartsau

Nachdem man von der Allee rechts in Richtung **Marchfeldschutzdamm** abgebogen ist, verliert sich der aufgeräumte **Park** mit seinen Gruppen von Sumpfzypressen bald in den wuchernden Donauauen. Nur der Damm, der die Wildnis wie mit dem Lineal gezogen durchteilt, ist ordentlich kurz geschoren. Leider stehen selbst die nächsten der mächtigen Stieleichen so weit entfernt, dass ihr Schatten nicht bis zum Radweg auf der Dammkrone reicht. Im glühenden Scheinwerferlicht der Sonne sind entgegenkommende Radfahrer schon als Punkte am Horizont zu erkennen, wenn sie noch kilometerweit entfernt sind.

Wohin es denn heute noch gehe, fragt ein aus Richtung Orth kommender Mann alle anderen Radler, die ihm an der Kreuzung des Dammwegs mit der Verbindungsstraße zur Uferfähre und zum Uferhaus begegnen. Sammelt er die Antworten für eine private Statistik? Oder ist die Frage als Anregung zu verstehen, angesichts der noch vor einem liegenden Kilometer eine Pause einzulegen? „Fahr nicht fort, bleib in Orth!“, heißt es schließlich auch auf einem der Schilder an der Kreuzung.

Das Schloss rechtfertigt durchaus einen längeren Aufenthalt im nur wenige Radminuten entfernten Ort(h), nicht nur weil historische Fotografien im Museum zeigen, wie der eben befahrene Marchfeldschutzdamm in rund 30 Jahren in mühevoller Arbeit teilweise mit den Händen erbaut wurde. 1905 vollendeten die Arbeiter, von denen viele in Orth wohnten, den etwa 40 Kilometer langen Damm in Markthof an der Marchmündung. Er schützte das Marchfeld zwar fortan gut vor Überschwemmungen durch die Donau, enthielt den Äckern aber zugleich die Nährstoffe, die das Flusswasser mit sich gebracht hatte. Aus der fruchtbaren Landschaft wurde eine mit Kunstdünger produktiv gehaltene Agrarsteppe.

Schloss Orth, das neben dem Museum auch ein Veranstaltungszentrum und das Nationalpark-Zentrum Donau-Auen beherbergt, hat eine rund tausendjährige Geschichte. 1377 wurde es ein Lehen der Habsburger und vielleicht erklärt sich dadurch die enge Verwandtschaft mit der Wiener Hofburg (➤ Tour 1). Mit ihren vier Ecktürmen, vier Flügeln und dem umgebenden Graben könnten sich die beiden Spitzenwerke österreichischer Renaissancearchitektur einmal wie ein Ei dem anderen geglichen haben. Offenbar wurde mit Schloss Orth nach der Zer-

Schloss Orth

störung durch die Türken 1529 bewusst Bezug auf die damalige Hofburg genommen: Damals ließ Niklas Graf Salm der Jüngere (1503–1550) den heutigen Südwestturm neu errichten, und die nun vier Ecktürme ermöglichten ein vierflügeliges Kastell, dessen Geschlossenheit wohl weniger dem Wunsch nach Verteidigung entsprang als vielmehr Macht demonstrieren sollte.

Aus dieser Zeit stammen auch zwei Kostbarkeiten, die im Museum präsentiert werden: der **Orther Pokal** und – zwar ähnlich klingend, aber nicht zu verwechseln – das Orther Portal. Die Bruchstücke des gläsernen Orther Pokals hat man bei Ausgrabungen im Osttrakt in einem aus Ziegeln gemauerten Kanal gefunden, durch den wohl Abwässer von der Burg in den Wassergraben geleitet wurden. Aus den Scherben wurde jenes Kelchglas rekonstruiert, das um 1550 eine Glashütte nördlich der Alpen verlassen hatte. Seine Nuppen, gläserne Erhebungen, die ein wenig an Seepocken erinnern, waren im Mittelalter ein beliebtes Dekor.

Das nach 1530 aus mehreren heimischen Holzarten hergestellte **Orther Portal** wurde so im Museum aufgestellt, dass man wie einst hindurchgehen kann. „Friede sei dem unsere Schwelle überschreitenden Freunde, dem Scheidenden sei Ehre und Heil zu teil“ lautet die lateinische Inschrift übersetzt.

Derart mit guten Wünschen bedacht, lässt man dieses frühe Beispiel für den Manierismus in Österreich und das Museum hinter sich, um den **Aussichtsturm** zu erklimmen. Von der oberen Plattform kann man einerseits hinunter in den Turnierhof sehen und ist andererseits fast

Unterwegs im Marchfeld

auf Höhe der Störche, die ihr Nest auf einem der Kamine gebaut haben, und Turmfalken, die das Schloss ebenfalls als Wohnung nutzen. Denn im Gegensatz zur Wiener Hofburg sind die Türme in Orth erhalten geblieben. Aus der Vogelperspektive gut zu erkennen ist der Grundriss des gesamten Schlosses, das Ende des 17. Jahrhunderts um einen dreiflügeligen Anbau ergänzt wurde, um den Jagdgesellschaften des Barock ausreichend Platz bieten zu können. Auch Kronprinz Rudolf nutzte den Besitz, den sein Vorfahr Franz I. 1824 in den k. k. Familienfonds eingebracht hatte, gern als Standort für seine Jagdausflüge und ließ ihn 1873 im Stil des späten Historismus einrichten.

Wo früher eine Mauer die offene Seite zur Donau schloss, ist heute der Weg frei zur **Schlossinsel,** dem Freigelände des Nationalpark-Zentrums Donau-Auen. Den höchsten Unterhaltungswert haben die Ziesel, die mal hier, mal dort aus dem weit verzweigten Erdbau auftauchen und Männchen machen. Dank einer Unterwasserstation lassen sich auch im Teich hervorragend Tiere beobachten. Am großen Panoramafenster schwimmen silbrig glitzernde Fischschwärme vorüber. Gut möglich, dass der kleine Wassermann ebenfalls hier unten wohnt. Aber auch wenn Otfried Preußlers Kinderbuchgestalt nicht ans Fenster kommt, um die Menschen kennenzulernen, wird man sicherlich einiges entdecken – und sei es die eigene Entspannung, die sich beim Beobachten des im Sonnenlicht grün leuchtenden Naturaquariums einstellt.

Irgendwann muss man allerdings auftauchen und sich noch einmal in Bewegung setzen. Wenn man vom Schloss zurück Richtung Marchfeldschutzdamm und weiter geradeaus bis zur **Donau** geradelt ist, steht am Ende der Straße ein Gasthaus, dessen Geschichte vom Hochwasser geprägt ist: Das sog. **Uferhaus** liegt, wie der Name schon sagt, nach wie vor direkt und damit ungeschützt an der Donau. Was den Gästen von der Terrasse eine gute Aussicht auf vorbeifahrende Flusskreuzfahrt- und Frachtschiffe garantiert, hat die Familie Humer, die das Uferhaus 1936 pachtete, schon in manch prekäre Situation gebracht. Bevor sie das Gasthaus übernahm, verdiente sie ihren Lebensunterhalt vor allem mit der Fischerei. In den für die Donau typischen Zillen boten die Humers auch Überfahrten an.

Sogar Radfahrer wurden mit so einem hölzernen Kahn noch bis nach der Jahr-

Aulandschaft bei Haslau

tausendwende von einem Ufer ans andere transportiert. Seit 2011 kann man das Rad vom Anleger bequem auf einen Katamaran schieben, der auch Platz für größere Gruppen bietet. In einem eleganten S-Bogen schwingt Fährbetreiber Hannes Wiesbauer über die Donau. Viel zu schnell erreicht man den Anleger am anderen Ufer, der scheinbar einsam inmitten des Auwaldes liegt.

Die Ankunft wird allein von den Gelsen registriert, auf deren Speisekarte Radfahrer ganz oben stehen dürften. Der Uferweg, mit grobem Kopfsteinpflaster gepanzert und alles andere als zweiradgerecht, erschwert eine rasche Flucht. Kaum hat man das rumpelnde Pflaster nach rund 300 Metern hinter sich gelassen und ist Richtung Haslau abgebogen, bremst der lange, steile Anstieg in den Ort das Vorwärtskommen. Müssten Gelsen Miete zahlen, dieser Abschnitt der Donauauen wäre eine nur von Spitzenverdienern zu finanzierende Toplage.

Die schon etwas müden Beine lassen einen spüren, dass die Orte am Südufer der Donau auf einer Geländestufe liegen und damit natürlichen Hochwasserschutz genießen. Touristischer Nebeneffekt ist die schöne Aussicht, für die man dann Zeit findet, wenn man den Anstieg unterschätzt und die S-Bahn verpasst hat. Wer in so einem Fall z. B. auf der Terrasse des Haslauerhofs landet und etwa bei einem gebratenen Seesaibling den Blick zurück auf die Donauauen genießt, ärgert sich hoffentlich nicht länger, sondern fühlt sich im Gegenteil versucht, gleich auch noch den nächsten Zug Richtung Wien davonfahren zu lassen.

Schlösser

- **Schloss Obersiebenbrunn,** Marktplatz 1, 2283 Obersiebenbrunn www.obersiebenbrunn.at (Koptisches Kloster, Besichtigung von Teilen des Schlosses und vom Pavillon nach Voranmeldung möglich, Park zugänglich)
- **Schloss Eckartsau,** 2305 Eckartsau, www.schlosseckartsau.at (geöffnet tägl. von 1. April bis 31. Okt., Park ganzjährig)
- **Schloss Orth,** 2304 Orth/Donau, www.donauauen.at (Museum u. Schlossinsel, geöffnet tägl. von Ende März bis 1. Nov.)

Außerdem sehenswert:

- **Franzosenfriedhof** an der Straße von Ober- nach Untersiebenbrunn
- **Rußbach**
- **Donau, Donau-Auen** und **Marchfeldschutzdamm**

Wissenswert:

- Die Donaufähre zwischen Orth und Haslau fährt von April bis Oktober zwischen 9 und 19 Uhr bei Bedarf.

Rasten

- **Schloss-Café Eckartsau,** 2305 Eckartsau, Snacks und Mehlspeisen, geöffnet 1. April bis 31. Okt. (www.schlosseckartsau.at)
- **Schloss-Café Orth,** 2304 Orth an der Donau, Getränke und Snacks im Turnierhof; warme Speisen im Gasthaus
- **Zum Schauhuber,** 2304 Orth an der Donau, gegenüber vom Schloss (www.zum-schauhuber.at)
- **Humers Uferhaus,** Uferstraße 20, 2304 Orth an der Donau, Karpfen auf serbische Art nach Rezept von Aloysia Humer und andere Fischspezialitäten, Gastgarten mit Donaublick (www.uferhaus.at)
- **Haslauerhof,** Hauptstraße 17, 2402 Haslau/Donau, Landgasthof auf Haubenniveau, geöffnet Do–So (www.haslauerhof.at)

Route

Art der Tour: Radtour (ca. 40 km)
Start: Bahnhof Siebenbrunn-Leopoldsdorf (Regionalexpress, Regionalzug)
Ziel: Bahnhof Haslau (S-Bahn)

Vom Bahnhof Siebenbrunn-Leopoldsdorf auf der Bahnstraße Richtung Norden nach Obersiebenbrunn, rechts in die Hauptstraße, hinter der Kirche links durch das Tor zum Schloss Obersiebenbrunn ❶, zurück zur Hauptstraße, rechts zur Straße In den Stübeln, rechts in die Leopold-Rabl-Straße, rechts durch das Tor in den Jagdgarten ❷, links entlang der Mauer, rechts zum Pavillon ❸, beim Reitverein Jagdgarten verlassen, In den Stübeln, links in die Hauptstraße, rechts in die Untersiebenbrunnerstraße, auf dem Feldweg parallel zur Straße mit Franzosenfriedhof ❹ bis Untersiebenbrunn, links in die Wassergasse, rechts in die Brückengasse, durch die Felder Richtung Süden, Bahnstrecke und L5 queren, links in den Marchfeldkanal-Radweg, Rußbach

❺, Ausschilderung folgen bis Fuchsenbigl, im Ort rechts Richtung Eckartsau, über Straudorf und Wagram an der Donau nach Eckartsau, hinter dem Ortsschild rechts, links zum Schloss Eckartsau ❻, auf der östlichen Seite hinunter zur Wegkreuzung, rechts durch den Park ❼ zum Marchfeldschutzdamm ❽, rechts Richtung Wien, an der Kreuzung der Straße nach Orth rechts bis zum Schloss Orth ❾ mit Schlossinsel ❿, auf der Uferstraße zurück bis zur Donau und dem Uferhaus ⓫, mit der Fähre nach Haslau übersetzen, am Ufer wenige Hundert Meter rechts Richtung Wien, dann links hinauf nach Haslau und mithilfe der Ausschilderung „Nationalpark Tour Donau-Auen" durch den Ort zum Bahnhof

14

Ungleiche Zwillingsschwestern und eine verlorene Metropole

Schloss Niederweiden | Schloss Hof | Schloss Marchegg

Tour 14: Schloss Niederweiden, Schloss Hof und Schloss Marchegg

Ausgangspunkt dieser Radtour ist das adrette Bad Deutsch-Altenburg, dem sich die urwüchsigen Donauauen und die weiten Flächen des Marchfelds anschließen. Aus ihnen erhebt sich Schloss Niederweiden, eine Art bescheidene Zwillingsschwester von Schloss Hof. Beide Schlösser gehörten einst Prinz Eugen, beide wurden von Maria Theresia ausgebaut. Ein Stück weiter im Norden liegt Schloss Marchegg, das zwar ebenfalls gern von den Habsburgern als Jagdschloss genutzt, dessen Geschichte aber durch einen böhmischen König und ein ungarisches Adelsgeschlecht geprägt wurde. Heute bringen vor allem die Störche, die auf dem Schloss und im Umkreis brüten, Leben in den kleinen Ort, der im 13. Jahrhundert die größte befestigte Neugründung Mitteleuropas war.

Wie in allen Kurorten herrscht auch in Bad Deutsch-Altenburg diese gewollt schläfrige Atmosphäre, als würde sich eine vornehme ältere Dame nach vormittäglichen Einkäufen auf ihrer Couch im Salon ausruhen. Wer vom Bahnhof gerade noch flott die abschüssige Hauptstraße hinuntergebraust ist, drosselt automatisch das Tempo, nachdem er in die Badgasse abgebogen und unversehens mitten hineingeplatzt ist in das Kurzentrum. Zwischen Blumenrabatten und Konditorei ist Eile ebenso wenig am Platz wie Lärm. Nicht umsonst gehört die Sprechstunde mit dem Dorfpolizisten zu den prominentesten Einträgen auf der Website des Kurorts.

Der bronzene Kaiser Franz Joseph ist manchmal der einzige Besucher des weitläufigen Kurparks. Das Datum auf dem Sockel der Statue ist verwittert, lässt sich aber mithilfe der Fingerspitzen entziffern: Am 27. Mai 1904 hat der Kaiser hier das **Archäologische Museum Carnuntinum** eröffnet. Erbaut nach dem Vorbild römischer Landvillen, sollten dort die Funde, die man bei Ausgrabungen in Carnuntum seit dem letzten Viertel des 19. Jahrhunderts gemacht hatte, im passenden Rahmen präsentiert werden.

Während das kulturelle Erbe von den römischen Kaisern Marc Aurel und Augustus bewacht wird, deren Büsten in luftiger Höhe auf den beiden Säulen im Eingangsbereich thronen, steht das Naturerbe **Donauauen** unter internationalem Schutz. Von der Schrägseilbrücke, mit 228 Metern Spannweite eine der längsten Österreichs, hat man einen schönen Rundblick über die letzte große Flussauenlandschaft Mitteleuro-

Gartenfassade von Schloss Niederweiden

pas. Während der Boden unter den vorbeifahrenden Lastwagen vibriert, blickt man hinunter auf den träge dahinfließenden Strom und seine verwachsenen Nebenarme. Von dem exakt berechneten Bauwerk aus Stahl und Beton betrachtet, erscheinen die Auen noch wilder. Es würde einen nicht wundern, wenn ein Krokodil aus dem grünen Wasser auftauchen würde, um mit seinen bernsteinfarbenen Augen nach Beute Ausschau zu halten.

Mit dieser Vorstellung hat die Wirklichkeit allenfalls den Bernstein gemeinsam, denn etwa an der Stelle der heutigen Landesstraße verlief im Altertum ein als Bernsteinstraße bekannter Handelsweg. Weil sie heute wohl noch stärker genutzt wird als zu Zeiten der Römer, fahren Radfahrer am besten hinter der Brücke zum Donaudammweg hinunter und nehmen den kleinen Umweg über Stopfenreuth und Engelhartstetten in Kauf, um sich der Bernsteinstraße und ihrer Geschichte von Westen her wieder anzunähern.

Ungefähr dort, wo sich am Horizont **Schloss Niederweiden** abzeichnet, stand einst eine Burg, von der aus die Bernsteinstraße und eine Furt durch die March überwacht wurden. Während sich die wenigen Mauerteile, die von der Fluchtburg Grafenweiden noch erhalten sind, im Dickicht des verwilderten Schlossparks verstecken, steht das Jagdschloss als Zeichen für den Anbruch friedlicher Zeiten nach den Türkenbelagerungen weithin sichtbar in der Ebene.

Mit dem Bau hatte Graf Ernst Rüdiger von Starhemberg (1638–1701), seit 1685 Besitzer der Herrschaft Engelhartstetten, 1693 Johann Bernhard

Fresken im ovalen Festsaal

Fischer von Erlach beauftragt. Ein vom Architekten signierter Stich zeigt das Schlösschen in seiner ursprünglichen eingeschossigen Form. Die dekorative Attika mit den Skulpturen, die den ovalen Mittelteil betonte, ist Maria Theresia zum Opfer gefallen: Weil der Regentin sowohl Schloss Niederweiden als auch Schloss Hof zu klein waren, ließ sie beide Gebäude aufstocken. Dass damit der intime Charakter von Schloss Niederweiden zugunsten eines repräsentativen verloren ging, empfand sie wahrscheinlich nicht als Nachteil. Der **Festsaal** im neuen Obergeschoss, oval wie das Vestibül darunter, bot den idealen Rahmen für chinesisches Dekor, das um die Mitte des 18. Jahrhunderts modern war. Um Jean-Baptist Pillement für seine Wandmalereien zu entlohnen, griff Maria Theresia tief in ihre Privatschatulle. Die bis zur Decke wuchernden exotischen Bäume mit den Wandfeldern zwischen den Zweigen, in denen orientalisch anmutende Musikanten sitzen, ähneln den Fresken von Johann Wenzel Bergl, mit denen die Herrscherin z. B. ihre Schlösser Schönbrunn und Ober St. Veit verschönern ließ (➤ Touren 3, 4 und 5).

Im Gegensatz zu den zartfarbenen Malereien stehen dunkelbraune, aus verschieden großen Holzstücken zusammengesetzte Bögen im unteren Wandbereich; ein klobiger Zaun, der zwar den Raum von der dargestellten Außenwelt trennt, aber dennoch durchlässig bleibt für den Blick. Darin spiegelt sich die gestalterische Motivation für das gesamte Schloss wider: Einerseits sollte die Natur von draußen ins Innere der Gebäude geholt werden, andererseits der Blick von drinnen durch große Fenster in das Grün der Umgebung fallen können.

Im Südflügel dokumentieren Fotos den Verfall, dem viele Schlösser in der ersten Hälfte des 20. Jahrhunderts preisgegeben waren. Ein Erdgeschoss, das im Ersten Weltkrieg als Pferdestall benutzt wurde, und ein Baum, der vom Vestibül durch die Decke bis hinauf in den ehemaligen Festsaal wuchs, veranschaulichen den Niedergang Niederweidens. Als in den 1950er-Jahren damit begonnen wurde, die verwüsteten Räume zu renovieren, brach ein Brand aus, bei dem das Stiegenhaus durch das einstürzende Dach schwer beschädigt wurde. Erst als einer der Schauplätze für die Niederösterreichische Landesausstellung „Prinz Eugen und das barocke Österreich“ bekam Schloss Niederweiden wieder Aufwind.

Scheinbar unbehelligt von den Wirren des 20. Jahrhunderts blieb die rustikale **Jagdküche** in einem der beiden Nebengebäude. Einrichten ließ sie Prinz Eugen, nachdem er den Besitz 1726 von der Witwe des Grafen von Starhemberg gekauft hatte, um ihn für seine großen Jagdgesellschaften zu nutzen. Das erlegte Wild konnte an drei großen Herdstellen zubereitet werden. Ein Boden aus quadratischen Steinplatten, ein Holztisch mit Bänken, über den Feuerstellen aufgehängte Töpfe und von der Decke baumelnde Fasane vermitteln das Ambiente dieser Zeit. Sind da nicht Jagdhörner, das Bellen von Hunden und das Klappern von Pferdehufen zu hören? Wird gleich eine Horde rotgesichtiger Männer die drei Stufen hinunter in den Vorraum drängen, um dem wartenden Küchenpersonal das erlegte Wild in die Hände zu drücken?

Jagdküche

Dass in den beiden Zwillingsschlössern Hof und Niederweiden, die seit Prinz Eugen bis in die Gegenwart hinein immer dieselben Besitzer hatten, äußerst opulent gelebt wurde, zeigt ein Fest der Superlative, das Prinz Joseph Friedrich von Sachsen-Hildburghausen 1754 gab. Der Prinz war über seine 18 Jahre ältere Gattin Anna Maria von Savoyen, Nichte und Erbin des kinderlos gebliebenen Prinz Eugen, in den Besitz des Schlösserduos bekommen. Als ihm das Geld ausging, lud er Maria Theresia und Kaiser Franz I. Stephan nicht ohne Hintergedanken als Ehrengäste zu einem viertägigen Spektakel ein. Der **Schlosspark** Niederweiden wurde dafür in ein Heckentheater verwandelt, dessen Ausmaß erst sicht- und hörbar wurde, als plötzlich unzählige Komparsen, die zwischen den Bäumen und Büschen versteckt waren, dem Herrscherpaar mit ihrem Gesang huldigten. Im Jahr darauf kaufte Maria Theresia ihrem Gastgeber beide Schlösser ab. Mit seiner Investition in dieses letzte große Barockfest hatte sich der Prinz elegant aus seiner prekären Lage befreit.

Für den Weg zwischen den beiden damals so effekthascherisch wie erfolgreich zur Schau gestellten Schwestern braucht man, egal ob wie damals mit der Kutsche durch eine Lindenallee oder wie heute mit Fahrrad, nur ein paar Minuten. Allerdings ist man in Richtung **Schloss Hof** etwas länger unterwegs, denn die größere der beiden Schwestern hält auf einer Anhöhe Hof. Was Radfahrer auf dem kurzen Steilstück durch den Wald zum Haupteingang möglicherweise absteigen lässt, bietet auf der anderen Seite sehenswerte Vorteile: In nicht weniger als sieben Terrassen fällt

Brunnengrotte

Neptun-Brunnen

der weitläufige Garten von Schloss Hof zur March ab. Schaut man sich die Anlage vom **Marchtor,** also vom unteren Eingang an, scheint man mit dem Rücken zum Wasser im Bug eines gigantischen Kreuzfahrtschiffs zu stehen, das majestätisch durch die Marchauen gleitet. Statt Swimmingpools gibt es von Figuren geschmückte Brunnenbecken, Grotten und Kaskaden in der Mittelachse, statt Liegestühlen Bänke, statt Relings Balustraden aus Stein und statt stählernen Schiffswänden mit Spalierobst bewachsene Mauern, Hecken und Baumreihen.

Spaziert man durch den **Garten,** trifft man seit dem Beginn der umfassenden Restaurierung 2002 wieder allerhand Sphingen und Götter. Leider noch nicht wieder aufgetaucht ist Neptun, der Namensgeber des Brunnens oberhalb des Schlosses, in dem es Wasserspeier und Fontänen aber auch ohne ihn reichlich plätschern lassen. Donau und March holen sich in der Brunnengrotte auf der vierten Terrasse wieder nasse Füße. In stumme Zwiegespräche vertieft sind die Allegorien der vier Jahreszeiten, die die beiden Rampen auf der fünften Terrasse flankieren. Flora, die Vertreterin des Frühlings, flirtet über die Schulter keck mit einem Sommer, in dem sich Apoll und Prinz Eugen als Förderer von Kunst und Wissenschaft erkennen lassen.

Dass der erfolgreiche Feldherr problemlos die Rolle als Mäzen übernehmen konnte, zeigt die Geschwindigkeit, in der nach Plänen von Johann Lucas Hildebrandt dank Hunderten von Arbeitern, Tagelöhnern, Handwerkern und Gärtnern in wenigen Jahren bis 1730 eines

Schloss Hof

der eindrucksvollsten Gesamtkunstwerke des europäischen Barock entstand. Neben Garten und Schloss mit Kapelle und Sala terrena gehören eine **Orangerie** mit Garten und ein **Gutshof** dazu, der mit seinen vielen kleinen Gärtchen und Tiergehegen einen anheimelnden Gegensatz zum hochherrschaftlichen Schloss bildet.

Nach der Besichtigung des Schlosses, in das viele barocke Möbel zurückgekehrt sind, spricht der Aufenthalt im Gutshof vor allem die Sinne an. Im Kräutergarten duftet es nach Kamille und Lavendel, der strenge Geruch des Ziegengeheges konkurriert mit dem lieblichen Duft der Rosensträucher. Auf dem Weg zu den Alpakas, Pferden und Eseln auf den Weiden verlocken unzählige knallrote Früchte, die zwischen den Blättern der Kirschbäume leuchten.

Was im **Meierhof** einst geleistet werden musste, um die Besucher von Banketten zu versorgen, ist heute vielleicht nachvollziehbar, wenn sich im Restaurant Zum weißen Pfau gleich mehrere Reisebusgruppen zum Mittagsessen einfinden. Das Dessert pflückt man sich am besten selbst nebenan im Naschgarten: Aus Ribiseln, Erdbeeren und Himbeeren lässt sich ein Obstsalat zusammenstellen, dessen Aroma auch den anspruchsvollsten Adeligen zufriedenstellen würde.

In nur wenigen Kilometern radelt man anschließend vom Barock ins Mittelalter. Zum Schutz vor Hochwasser angehobene Fischerhütten weisen auf die **March** hin, die sich hinter dem verbliebenen Auwaldstreifen am Ufer versteckt. Der Fluss bildet seit dem 11. Jahrhundert die Ostgrenze Österreichs.

Stadtmauer in Marchegg

1268 nutzte König Ottokar II. Přemysl diese natürliche Grenze, um dort eine Stadt als Bollwerk gegen die Magyaren zu errichten. Über einen Feldweg, an dessen Rand die Autos der slowakischen Feldarbeiter stehen, nähert man sich zwischen krächzenden Fasanen und Haken schlagenden Feldhasen Marchegg. Nachdem man die Marchegger Ostbahn unterquert hat, stößt man auf den Marchdamm, der die Kornkammer Österreichs vor Überschwemmungen schützt.

Wie an einer Leitschiene radelt man entlang des Damms, dessen Böschung vorbeifahrende Mähdrescher und Autos mit einer grauen Staubschicht überzogen haben, zur **Stadtmauer,** die immer noch einen beinahe durchgehenden viereckigen Ring um die Häuser bildet. Im teils von Efeu überwachsenen Rundturm des **Ungartors** sind noch eine frühgotische Sitznische und ein Maßwerkfenster erhalten.

Über die Ungargasse und die Hauptstraße erreicht man **Schloss Marchegg,** hinter dessen barockem Antlitz sich die Stadtburg versteckt, die Ottokar II. Přemysl an der nordwestlichen Ecke der Stadtmauer errichten ließ. Kurz zuvor hatte er in der Schlacht bei Groißenbrunn den ungarischen König Béla IV. besiegt und zur Besiegelung des Friedens dessen Enkelin Kunigunde geheiratet. Ihr begegnet man im ersten Stock des Schlosses in der Ausstellung, die auch vom Leben der Frauen des Königs von Böhmen erzählt. Während Kunigunde, die wesentlich jünger als Ottokar war, zahlreiche Kinder gebar, war die erste Ehe des Königs kinderlos geblieben. Dafür hatte die 30 Jahre ältere Margarethe die Herzogtümer Österreich und Steiermark mit in die Ehe gebracht.

In einer Vitrine ist ein sog. Gebende zu sehen: Die beiden Stoffstreifen der Kopfbedeckung wurden so fest um Stirn und Kinn gewickelt, dass Essen, Trinken und Sprechen nur eingeschränkt möglich waren. Während sich die Frauen am Hof mit Spinnen, Sticken und Brettchenweben die Zeit vertrieben, zogen die Männer mit Kettenhemd, Topfhelm, Gambeson, Streitaxt und Schwert in diverse Schlachten. Einer davon fiel der König von Böhmen 1278, also zehn Jahre nach der Gründung von Marchegg, zum Opfer: In Dürnkrut töteten die Truppen Rudolfs von Habsburg den zunehmend mächtigeren König von Böhmen. Mit Ottokar II. starb auch seine Vision für

Schloss Marchegg

Marchegg: Die größte befestigte Neugründung Mitteleuropas im 13. Jahrhundert wurde nicht zum Zentrum eines großen Reichs. Diese Rolle übernahm Wien, wo Ottokar II. die Hofburg mitbegründet hatte (➤ Tour 1).
Heute ist Marchegg ein Grenzstädtchen mit rund 3000 Einwohnern. Die berühmtesten sind jene, die sich nicht um Grenzen scheren und im Sommer bis zu den Wiesen auf der slowakischen Seite der March fliegen. Der kleinen Stadt bescheren die etwa 50 Weißstorchpaare, die jährlich in den bis zu 800 Kilogramm schweren Horsten auf den alten Eichen der Schlosswiese brüten, den Superlativ größte baumbrütende **Storchenkolonie** Europas. Intime Einblicke in das Leben der Pendler zwischen Marchegg und Afrika gewährt eine Nestkamera im Besucherzentrum. Im Innenhof des Schlosses hallt das Klappern wider, mit dem sich die Störche, die auf einem der Kamine brüten, nach jeder Trennung aufs Neue begrüßen. Und im ersten Stock führt der Weg durch die Geschichte des Schlosses, die ab 1621 von dem ungarischen Adelsgeschlecht Pálffy geprägt wurde, in die hinteren Räume mit schönem Ausblick auf den Auwald, dem Reich der Störche.
Während für Störche die Nähe zum Wasser lebensnotwendig ist, wurde sie für das Schloss je nach Geschmack der Zeit hergestellt oder zerstört: Hatte Paul IV. Pálffy um 1640 die Burg größtenteils abgetragen und zu einem Wasserschloss umbauen lassen, ließ Nikolaus VIII. Graf Pálffy den Wassergraben wieder zuschütten, als er das Schloss rund 80 Jahre später barockisierte. Dabei wurden auch die Eckbastionen ent-

Storchennest in der Kolonie Marchegg

Fischteich an der Ungargasse

fernt und ein Westflügel angebaut, sodass mehr Platz für Jagdgäste entstand, unter ihnen Maria Theresia, Franz Stephan von Lothringen und Joseph II.

Wie in einem Brennglas gebündelt ist die Geschichte Marcheggs in der Historie der **Pfarrkirche,** an der man auf dem Weg zum Bahnhof vorbeikommt: Auch sie war 1268 sehr groß, nämlich als dreischiffige Stadtpfarrkirche, konzipiert worden. Doch nachdem sie zunächst im ersten Türkenkrieg 1529 und dann auch noch im Schwedenkrieg 1634 zerstört und bis in die zweite Hälfte des 18. Jahrhunderts nur teilweise genutzt wurde, ließ Karl Fürst Pálffy 1789/90 gegenüber dem noch erhaltenen, auffallend hohen Chor das wesentlich kleinere Langhaus errichten.

Wer Marchegg kurz nach seiner Gründung Richtung Süden verlassen wollte, musste das Groißenbrunnertor passieren. Nachdem es um die Wende des 19. zum 20. Jahrhundert einstürzte und abgetragen wurde, ist es heute ein Ortsausgang wie jeder andere. Hätten sich Ottokars Visionen für Marchegg erfüllt, wäre der mittelalterliche Kern längst mit der neuzeitlichen Siedlung am Bahnhof verschmolzen. Hunderttausende Touristen würden jährlich das Schloss besuchen und dann in ein Café am verbauten Ufer der March einkehren. Zumindest die Störche dürften froh darüber sein, dass alles ganz anders gekommen ist.

Sala terrena in Schloss Hof

Schlösser

- **Schloss Niederweiden,** 2292 Engelhartstetten, www.schlosshof.at (2015 Besichtigung mit Führung möglich, ab 2016 Ausstellungen)
- **Schloss Hof,** 2294 Schloßhof 1, www.schlosshof.at (Sommersaison: Mitte März bis Anfang Nov. tägl.; Wintersaison: Sa, So, Feiertage)
- **Schloss Marchegg,** Im Schloß 1, 2293 Marchegg, www.schloss.marchegg.at (geöffnet von Ende März bis Ende Okt., Park zugänglich)

Außerdem sehenswert:

- **Archäologisches Museum Carnuntinum,** Badgasse 40–46, 2405 Bad Deutsch-Altenburg
- **Donau- und Marchauen**
- **Stadtmauer Marchegg** mit Ungartor
- **Storchenkolonie Marchegg**
- **Pfarrkirche Marchegg**

Wissenswert:

- Wer sein Fahrrad nicht in der Bahn mitnehmen möchte, findet an den Bahnhöfen Bad Deutsch-Altenburg und Marchegg „nextbike“-Verleihstationen (www.nextbike.at).
- Bei einer Fahrradpanne hilft der „Radstadl“ im Forsthaus Stopfenreuth mit Werkzeug weiter. Auch dort gibt es einen Radverleih.
- Wer Schloss Niederweiden nicht be-

sichtigen möchte, kann auf dem Weg nach Schloss Hof durchgehend der „Carnuntum-Schloss Hof-Bratislava-Tour" folgen, die in einem Bogen hinter Schloss Niederweiden vorbeiführt.

- An Wochenenden und Feiertagen ist auch der Eingang am östlichen Ende des Parks von Schloss Hof geöffnet. Radfahrer können sich dann den Anstieg durch den Wald zum Haupteingang ersparen und stattdessen der Straße unterhalb des Waldes bis zum Osteingang folgen. Wenn man nach der Besichtigung entlang der L 3001 Richtung Marchegg fährt, gelangt man wieder auf die Route.

Rasten

- **Heuriger im Forsthaus Stopfenreuth,** Uferstraße 1, unweit der Donau landen serbischer Karpfen, gebratene Forelle und gebackener Zander auf den Tellern (www.otmar-weber.at/forsthaus)
- **Gasthof Prinz Eugen,** Prinz-Eugen-Straße 2, Schlosshof, Gastgarten unmittelbar am Radweg (www.gasthof-prinzeugen.at)
- **Restaurant Zum Weißen Pfau,** Meierhof von Schloss Hof, Speisen aus der Region, serviert auf der Terrasse über dem Streichelzoo oder verpackt in einen Picknickkorb (www.schloss-gastronomie.at)
- **Landgasthaus Nagl-Hager,** Hauptstraße 30, Marchegg, deftige Spezialitäten aus der Region wie Marchfelder, Puszta- oder Tatra-Schweinsschnitzel (www.landgasthaus-nagl-hager.at)
- **Café Bernstein,** Sepp-Kast-Gasse 1 (am nördlichen Ortsausgang von Marchegg-Bahnhof), Frühstück, Süßes und Snacks aus dem Ofen (www.cafebernstein.at)

Route

Art der Tour: Radtour (ca. 30 km)
Start: Bahnhof Bad Deutsch-Altenburg (S-Bahn)
Ziel: Bahnhof Marchegg (Regionalexpress, Regionalzug)

Vom Bahnhof Bad Deutsch-Altenburg über Parkplatz, Brücke und Rampe hinunter zur Hainburgerstraße, links Richtung Ortszentrum, Richtung Donauradweg rechts in die Badgasse zum Archäologischen Museum Carnuntinum ❶, am Kreisverkehr rechts, vor der Donaubrücke rechts Richtung Wien Linkes Donauufer, Donau queren, Donauauen ❷, hinter der Brücke links hinunter zum Dammweg, rechts Richtung Wien, am Forsthaus Stopfenreuth scharf rechts und der Radweg-Ausschilderung durch Stopfenreuth und Engelhartstetten bis zur Kläranlage folgen, Radroute verlassen und links ab auf die Landesstraße zum Schloss Niederweiden ❸, hinter dem Schloss rechts Richtung Schloss Hof, hinter dem Stempfelbach der Radweg-Ausschilderung „Carnuntum-Schloss Hof-Bratislava-Tour" folgen, vorbei am Haupteingang von Schloss Hof ❹ mit Ba-

rockgarten ❺ und Gutshof ❻ durch den Friedrich-Prankh-Weg zur Straße nach Marchegg, dann hinter der Siedlung Heimatland und dem Umspannhäuschen rechts in den Feldweg mit der Fahrverbotstafel, vor der March ❼ links, geradeaus Richtung Norden, Bahnstrecke unterqueren, am Marchdamm links, unterhalb des Damms zum Ungartor ❽, durch die Ungargasse zur Hauptstraße, rechts zum Schloss Marchegg ❾ mit Storchenkolonie ❿, danach der Ausschilderung Feuerwehr folgend Hauptstraße, Hauptplatz und Kirchenplatz mit Pfarrkirche ⓫ queren, rechts in die Hauptstraße, hinter dem Ortsausgang auf dem Radweg der Ausschilderung „Kamp-Thaya-March-Route“ bis Marchegg Bahnhof folgen

Anhang

Dank

Dank an alle, die mir Türen geöffnet und ebenso kenntnisreich wie geduldig Einblicke in geheime Kabinette und versteckte Gärten gewährt haben!

Literaturverzeichnis

Bahnmüller, Wilfried: Burgen und Schlösser in Niederösterreich. NP Buchverlag, St. Pölten 2005.

Berger, Eva: Historische Gärten Österreichs. Garten- und Parkanlagen von der Renaissance bis um 1930. Bd. 3 Wien. Böhlau, Wien 2004.

Bundesdenkmalamt (Hg.): Dehio-Handbuch Wien. I. Bezirk – Innere Stadt. Verlag Berger, Horn/Wien 2003. II. bis IX. und XX. Bezirk. Verlag Anton Schroll & Co, Wien 1993. X. bis XIX. und XXI. bis XXIII. Bezirk. Anton Schroll & Co, Wien 1996.

Clam Martinic, Georg: Österreichisches Burgenlexikon. Burgen und Ruinen, Ansitze, Schlösser und Palais. 2. Aufl., Landesverlag, Linz 1992.

Glück, Alexander/LaSperanza, Marcello/Ryborz, Peter: Unter Wien. Auf den Spuren des Dritten Mannes durch Kanäle, Grüfte und Kasematten. Ch. Links, Berlin 2001.

Grieser, Dietmar: Eine Liebe in Wien. Niederösterreichisches Pressehaus, St. Pölten 1989.

Haas, Claudia/Suppan, Isabella: Vermittlungskonzept für Besucher des Schlosses Eckartsau. Im Auftrag der Österreichischen Bundesforste, 2004.

Habsburg-Lothringen, Eduard von: Wo Grafen schlafen. Was ist wo im Schloss und warum? C. H. Beck, München 2011.

Haider, Edgard: Verlorenes Wien. Adelspaläste vergangener Tage. Böhlau, Wien 1984.

Hajós, Beatrix: Die Schönbrunner Schloßgärten. Eine topographische Kulturgeschichte. Böhlau, Wien 1995.

Hajós, Géza (Hg.): Der malerische Landschaftspark in Laxenburg bei Wien. Böhlau, Wien 2006.

Hamann, Brigitte (Hg.): Kaiserin Elisabeth. Das poetische Tagebuch. Verlag der Österreichischen Akademie der Wissenschaften, Wien 1984.

Jirku, Brigitte: Wandern und Kultur in Niederösterreich. Nationalpark Donau-Auen. Berger, Horn/Wien 2011.

Klusacek, Christine/Stimmer, Kurt: Währing. Vom Ganserlberg zum Schafberg. Compress Verlag, Wien 1989.

Kunz, Tobias: Wien. Kunst und Architektur. Michael Imhof, Petersberg 2008.

Kurdiovsky, Richard: Die Gärten von Schönbrunn. Ein Spaziergang durch einen der bedeutendsten Barockgärten Europas. Residenz, St. Pölten 2005.

Mutschlechner, Martin: Schloss Schönbrunn. Die geheime Geschichte von

Österreichs Kulturdenkmälern Bd. 2. Pichler, Wien 2012.

Langheiter, Anna/Rademacher, Christina: Top-Ausflugsziele rund um Wien. Leopold Stocker, Graz 2005.

Lindner, Birgit: Schloss Niederweiden – vom Jagdschloss zum Porzellanschlösschen. Unveröffentlichtes Manuskript, 2014.

Luchner, Laurin: Schlösser in Österreich. Bd. 1: Residenzen und Landsitze in Wien, Niederösterreich und dem Burgenland. Beck, München 1978.

Maruna, Roland: Hadersdorf-Weidlingau. Geschichte einer Wiener Ortsgemeinde. Verschönerungsverein Club Hawei, Wien o. J. (1998)

Matzka, Manfred: Vieler Herren Häuser. 20 Wiener Palais. Verlag Christian Brandstätter, Wien 2005.

Müller, Peter/Kraus, Wolfgang: Wiener Palais. Blanckenstein, München-Wien 1991.

Österreichische Akademie der Wissenschaften (Hg.): Österreichisches Biographisches Lexikon. 1815–1950. Verlag der Österreichischen Akademie der Wissenschaften, Wien 1945 ff.

Österreichische Gesellschaft für historische Gärten (Hg.): Historische Gärten in Österreich. Vergessene Gesamtkunstwerke. Böhlau, Wien 1993.

Pötschner, Angelina: Wien, die kaiserliche Residenzstadt. Falter, Wien 2009.

Rebernig-Ahamer, Regine: Hadersdorf-Weidlingau. Auf den Spuren eines Dorfes in Wien. Bibliothek der Provinz, Weitra o. J.

Rötzer, Harald: Wiener Gegenden. Ausflüge in und um Wien. Tyrolia, Innsbruck 2006.

Sternthal, Barbara/de Mello, Carlos: Romantisches Wien. Pichler, Wien 2011.

Sternthal, Barbara: Imperiales Wien. Mythos und Wahrheit. Brandstätter, Wien 2011.

Szegö, Johann: Von Palais zu Palais. Wiener Stadterkundungen. Metroverlag, Wien 2013.

Trenkler, Thomas: Die Hofburg Wien. Ueberreuter, Wien 2004.

Trenkler, Thomas: Sisi in Wien. Ueberreuter, Wien 2005.

Weissensteiner, Friedrich: Die rote Erzherzogin. Österreichischer Bundesverlag, Wien 1982.

Wien Museum: Hermesvilla – Elisabeths Schloss der Träume. Eigenverlag der Museen der Stadt Wien, 2004.

Zettel, Elisabeth: Konzeption einer Burgen- und Schlösserkarte Österreichs im Maßstab 1:250.000 – Ein Produkt für den Kulturtourismus. Diplomarbeit Universität Wien 2008.

Zeitungsartikel

Eintritt in eine andere Welt. Die Presse, 3. 5. 2013.

Hofburg: Österreichs Geschichte in einem Gebäude. Die Presse, 16. 9. 2008.

Das Märchen vom Märchenschloss. Wiener Zeitung, 29.6.2011.

„Massive Gewalt" und vernichtete Akten im Schloss Wilhelminenberg. Der Standard, 12. 6. 2013.

Von Kaiserresidenz zu Gefängnis-Zweckbau. DerStandard.at, 10. 12. 2010

Web

www.bda.at
www.burgen-austria.com
www.friedhoefewien.at
www.marchegg.at
www.oeghg.at
www.pfarre-hirschstetten.at
www.pfarre-huetteldorf.com
www.stadt-wien.at
www.srs.at
www.wieden800.at
www.wien.gv.at

Film

Comedian Harmonists. Regie: Joseph Vilsmaier. Musik: Harald Kloser. Mit Ben Becker, Heino Ferch, Ulrich Noethen u. a. BMG Video, München 1998.

Bildnachweis

S. 2 Koichi Sato/picturedesk.com; S. 4/5 Helmut Meyer zur Capellen/imageBROKER/picturedesk.com; S. 6/7, 43, 168/169 Karl Schöndorfer/picturedesk.com; S. 13 re., 14, 15, 17, 34/35, 60/61, 67 Willfried Gredler-Oxenbauer/picturedesk.com; S. 16, 56 re. Wikimedia Commons/Haeferl (CC BY-SA 3.0); S. 20 re., 80 Wikimedia Commons/Gryffindor (CC BY-SA 3.0); S. 25 Wolfgang Wolak/Verlagsgruppe News/picturedesk.com; S. 29 Wikimedia Commons/Palacrogalin (CC BY-SA 3.0); S. 39 Hans Ringhofer/picturedesk.com; S. 48/49 Michel Heidi/Verlagsgruppe News/picturedesk.com; S. 57 Wikimedia Commons/gemeinfrei; S. 63 li., 75 Wikimedia Commons/HeinzLW (CC BY-SA 3.0); S. 68 li. Wien Museum/Imagno/picturedesk.com; S. 68 re. Gerhard Trumler/Imagno/picturedesk.com; S. 69 franz perc/ChromOrange/picturedesk.com; S. 84/85, 109, 111 Harald Jahn/picturedesk.com; S. 124 Wikimedia Commons/Lielais Rolands (CC0/gemeinfrei); S. 127, 147 Wikimedia Commons/Peter Gugerell (gemeinfrei); S. 135, 136, 139, 140 © Schloss Laxenburg Betriebsgesellschaft mbH; S. 137 Christian Handl/imageBROKER/picturedesk.com; S. 144/145 © Gerd Kressl; S. 160, 161 li., 161 re., 162 © Schloss Eckartsau; S. 163 © Franz Kern; S. 173 Wildküche Schloss Niederweiden © Schloss Hof; S. 174 li., 175, 179 Jeff Mangione/KURIER/picturedesk.com; S. 177 F. Pritz/picturedesk.com.

Alle übrigen Fotos: Christina Rademacher.

Stichwortverzeichnis

Wien - eine Stadt voller Geheimnisse, eine Stadt voller Geschichten. Isabella Ackerl und Harald A. Jahn sind ihren Spuren gefolgt.
Unbekanntes wird ans Licht geholt, Bekanntes mit spannenden Details neu erzählt. Das Buch bietet selbst dem versierten Wien-Liebhaber eine Fülle von Material, die Stadt neu zu entdecken und zu erfahren. Kirchen und Keller, Paläste und Pflastersteine, Ruinen und romantische Plätze - UNBEKANNTES WIEN schildert die Stadt in vielen spannenden Einzelporträts. Es ist Lesestoff, Stadtgeheimnisführer und Geschichtsbuch in einem. Wer glaubt, schon alles über Wien zu wissen, wird überrascht sein.

Isabella Ackerl | Harald Jahn
UNBEKANNTES WIEN
Verborgene Schönheit | Schimmernde Pracht
Überarbeitete und aktualisierte Neuausgabe 2015
256 Seiten, 15,2 x 21,5 cm, Paperback
€ 18,00 · ISBN 978-3-85431-643-5

pichler verlag

ISBN 978-3-85431-690-9

Wien – Graz – Klagenfurt

Bücher aus der Verlagsgruppe Styria gibt es
in jeder Buchhandlung und im Online-Shop
styriabooks.at

Lektorat: Elisabeth Blasch
Buch- und Covergestaltung: Maria Schuster
Karten: Birgit Mayer/Extraplan, basierend auf
© OpenStreetMap contributors (openstreetmap.org)
sowie Open Government Data Wien
Reproduktion: Pixelstorm
Coverfotos: © Christian Handl/imageBROKER (li. oben), Koichi Sato (re. oben),
Karl Schöndorfer (unten), Helmut Meyer zur Capellen/imageBROKER (hinten)
alle www.picturedesk.com

Druck und Bindung:
Druckerei Theiss GmbH, St. Stefan im Lavanttal
7 6 5 4 3 2 1
Printed in Austria